Dietlinde Schmidt

Tiefgang und Weitsicht

Dietlinde Schmidt

Tiefgang und Weitsicht

Dem Alltag mehr Leben geben

Fromm Verlag

Imprint

Cover image: www.ingimage.com

Publisher:
Fromm Verlag
is a trademark of
International Book Market Service Ltd., member of OmniScriptum Publishing Group
17 Meldrum Street, Beau Bassin 71504, Mauritius
Printed at: see last page
ISBN: 978-613-8-36961-5

Für meinen Vater und Sr. Leonarda

Prolog

In einer Welt und Gesellschaft, die immer schneller und hektischer wird, die manch einem von uns in ihrem wahnsinnigen Tempo den Atem raubt und viele Menschen krank macht, werden Atempausen und Haltepunkte im Leben eines Menschen immer notwendiger. Es ist wichtig, inne zu halten, anzuhalten, damit das Leben nicht an mir vorbei rauscht, damit ich noch selbst leben und genießen kann und nicht nur fremdbestimmt gelebt werde.
Die folgenden Texte möchten eine solche Haltestelle sein. Als Kraftquelle und Tankstelle mitten im Alltag wollen sie dienen. Nehmen Sie sich 5 Minuten Zeit, steigen Sie aus dem Alltagstrott und lesen Sie einen Impuls am Tag. Lassen Sie ihn mit sich gehen. Vielleicht ist es nur ein Satz oder sogar nur ein Wort, die Sie ganz persönlich ansprechen. Reichern Sie diesen Impuls mit ihren eigenen Lebens- und Glaubenserfahrungen und Begegnungen an und machen Sie so eine ganz neue Entdeckung in ihrem Leben.
Ich wünsche allen Lesern und Leserinnen dieses Buches, dass es Ihnen Freude und Innerlichkeit im Alltagsgrau schenkt und dass ihr Leben mehr Tiefgang und Weitsicht gewinnt.

Dietlinde Schmidt

Karneval

2006-02-25

Vergiss die Freude nicht!

So lautet ein Buchtitel des bekannten niederländischen Monfortanerpater Phil Bosmans.
„Vergiss die Freude nicht!" ist sicherlich auch ein gutes Leitwort für die bevorstehenden Fastnachtstage. Doch damit nicht genug. Für Fastnachtsmuffel und Fastnachtsjecken könnte diese Ermahnung auch außerhalb der 5. Jahreszeit zu einem prägenden Lebensmotto werden.
Freude kann man nicht verordnen. Und die meisten Menschen können auch nicht auf Kommando und auf Knopfdruck lachen und fröhlich sein. Freude, das ist nichts Oberflächliches. Freude ist viel mehr eine Herzenssache, ja sogar eine Lebenshaltung und Lebenseinstellung. Der Hl. Paulus zählt die Freude im Galaterbrief zu den Früchten des Hl. Geistes (Gal 5,22) Es ist also eine Frucht des Hl. Geistes, wenn ich mich noch an den kleinen Dingen des Alltags freuen kann wie z. B. an einem Kinderlachen, an der ersten Frühlingsblume, an einem guten Wort. Es ist eine Frucht des Hl. Geistes, mich jeden Tag daran zu freuen, dass ich da bin, dass ich meine Sinne gebrauchen kann, dass ich ein von Gott geliebter Mensch bin. Es ist eine Frucht des Hl. Geistes, mich zu freuen an den Menschen, die um mich herum sind und mir das Leben so angenehm wie möglich machen, mich zu erfreuen an der Natur mit allem, was sie mir in jeder Jahreszeit bietet und natürlich auch an manch einem lustigen Fastnachtsvortrag, der mich so richtig zum Lachen bringt. Phil Bosmans hat einen Text in seinem oben erwähnten Buch mit dem Titel überschrieben: „Ohne Lachen lässt sich nicht leben!"
Diesen Text möchte ich Ihnen für die bevorstehenden Fastnachtstage, aber auch für jeden Tag Ihres Lebens mit auf den Weg geben:

„Lachen ist gesund. Du hast Lachen nötig. Humor ist gesund.
Ob du an diese Seite deiner Gesundheit wohl genug denkst?
Durch deine ganzen Sorgen machst du dir Falten ins Herz,
und schnell hast du dann auch Falten im Gesicht.

Lachen befreit. Humor entspannt.
Lachen kann dich erlösen vom falschen Ernst.
Lachen ist die beste Kosmetik fürs Äußere und die beste Medizin fürs Innere.
Regelmäßig die Lachmuskeln betätigen – das ist gut für die Verdauung,
der Appetit kommt in Gang, und der Blutdruck bleibt stabil.

Humor gibt dir ein Gespür für die Dinge, wie sie sich zueinander verhalten
und wie viel Gewicht ihnen zukommt.
Lachen und Humor wirken sich aus nicht nur auf deinen Stoffwechsel,
sondern auch auf deine Umgebung.

Lachen und Humor entlasten. Sie verringern Spannungen und Tränen.
Sie befreien vom erdrückenden Ernst der bleiernen Probleme,
von der erstickenden Luft des Alltags.
Lachen und Humor – Das beste Mittel gegen Vergiftung von Geist und Herz.
Lachen und Humor machen den Weg frei zu ungeahnter Lebensfreude.
Was ist ein verlorener Tag?
Ein Tag, an dem du nicht gelacht hast!"

2011-02- 26

Ein Lächeln

Oft haben kleine Dinge eine große Wirkung. So ist es auch mit einem Lächeln. Damit ist nicht ein hämisches Grinsen oder ein oberflächliches Gelächter gemeint, sondern das freundliche ehrliche Zulächeln bei der Begegnung mit einem Mitmenschen auf der Straße. Mir selbst ist schon oft aufgefallen, dass ein Lächeln die Gesichtszüge eines anderen Menschen positiv verändern kann. Indem ich einem Menschen freundlich zu lächele, nehme ich ihn als Mensch wahr, gebe ich ihm im wahrsten Sinne des Wortes ein Ansehen und schätze ihn wert. Damit würdige ich diesen Menschen bzw. spiegele ich ihm die Würde zurück, die ihm von Gott her unbedingt zukommt.
Das kommt auch in dem folgenden Text zum Ausdruck, den ich vor einiger Zeit als Zugabe zu einem Brief erhalten habe. Darin heißt es:

„Ein Lächeln kostet nichts, aber es gibt viel.
Es macht den reich, der es bekommt, ohne den, der es gibt, ärmer zu machen.
Es dauert nur einen Augenblick, aber die Erinnerung bleibt – manchmal für immer.
Niemand ist so reich, dass er ohne es auskommen kann und
niemand so arm, dass er es nicht geben kann.

Ein Lachen bringt Glück ins Haus, fördert den guten Willen im Geschäft
und ist ein Zeichen für Freundschaft.
Es gibt dem Erschöpften Ruh´, dem Mutlosen Hoffnung, dem Traurigen
Sonnenschein und es ist der Natur bestes Mittel gegen Ärger.

Man kann es nicht kaufen, nicht erbetteln, leihen oder stehlen,
denn es ist so lange wertlos, bis es wirklich gegeben wird.

Manche Leute sind zu müde, Dir ein Lächeln zu geben.
Schenke ihnen deines, denn niemand braucht ein Lächeln nötiger
als jener, der keines mehr zu geben hat."

Geizen wir also nicht mit dem Lächeln, denn es kann das Leben
unserer Mitmenschen und unser eigenes positiv verändern.

Fastenzeit

1997-03-08

Brich mit den Hungrigen dein Brot!

Unter diesem Thema ruft uns die Fastenaktion „Misereor" an diesem Wochenende zur Solidarität und zur Bereitschaft zum Teilen mit den Hungernden in der ganzen Welt auf. Brich mit den Hungrigen dein Brot, dahinter steckt mehr als eine milde Gabe, die ich für die Ärmsten in der Welt bereithalte. Brich mit den Hungrigen dein Brot, bedeutet mehr als etwas von meinem Überfluss an Bedürftige zu verschenken. Brich mit den Hungrigen dein Brot: Hier geht es vor allem um meine Haltung. Es geht um wirkliches Teilen. Es geht darum, ein Stück von mir selbst herzugeben für die, die Not leiden und hungern in der Welt. Was das konkret bedeuten kann, macht vielleicht eine kleine Geschichte von Rainer Maria Rilke deutlich. In ihr wird berichtet: Rilke ging immer wieder durch die Stadt Paris spazieren. Dabei fiel ihm öfter eine Bettlerin auf, die am Straßenrand saß. Zunächst gab er ihr, wie die anderen Passanten, ein Geldstück in ihr Körbchen, ohne sie anzuschauen. Doch eines Tages gab er der Frau eine Rose und schaute sie dabei intensiv an. Danach war die Frau eine Woche lang nicht auf der Straße zu sehen. Auf die Frage, wovon denn die Bettlerin in dieser Woche lebt, antwortet Rilke:„Von der Rose!" Die Rose ist ein Zeichen. Sie sagt: „Du bist liebenswürdig. Du bist ein Mensch mit Würde!"
So ist es auch mit dem Brot, das wir brechen. Es ist mehr als ein Nahrungsmittel. Es ist ein Zeichen für vieles. Denn der Mensch lebt ja bekanntlich nicht vom Brot allein. Der Mensch lebt eben auch: von jedem Wort, das tröstet, von Menschen, die zu ihm stehen, von der Gemeinschaft, die ihm Heimat gibt, von der Arbeit, die ihn erfüllt, von der Anerkennung und Wertschätzung, die ihm entgegengebracht wird, von dem Blick, der ihm geschenkt wird, von Gott, der ihn nie verlässt. Das Brot, das wir teilen, ist ein Zeichen, das hinweist auf die Würde dessen, mit dem ich teile. Wenn ich mit dem Hungrigen mein Brot teile, gebe ich ihm, was ihm zusteht: Brot, Gerechtigkeit, Liebe und Menschenwürde. Das Wort das Geber und Empfänger verbindet, heißt Bruder oder Schwester. Wir, das sind alle Menschenkinder auf der Welt, gehören zur Familie des einen Vaters im Himmel. Wir sind gleichwertig und gleichwürdig in seinen Augen. Das Brot mit den Hungrigen teilen heißt dann für uns: Ich stehe neben dir und nicht über oder unter dir. Das Brot mit den Hungrigen teilen heißt dann für uns: Du und ich, wir beide sind Gottes geliebte Geschöpfe; das Gasthaus Erde ist für dich und mich gefüllt. Es ist sicher ein großes Zeichen der Solidarität mit den Hungernden und Geschändeten in dieser Welt, wenn wir in dieser Haltung am Wochenende unsere persönliche Gabe ins Opferkörbchen legen.

2003-02-22

Heiliger Geist, erfülle uns!

Anfang März wird an vielen Orten des Kreises Cochem-Zell der Weltgebetstag der Frauen gefeiert. Er steht unter dem Thema: Heiliger Geist, erfülle uns!
Frauen aus dem Libanon haben die Gebetsordnung zusammengestellt. Sie haben begriffen, dass sie den Problemen ihres Landes auf Zukunft hin nur gewachsen sein werden, wenn sie nicht nur auf sich selbst vertrauen, sondern um die Gabe des Hl. Geistes bitten und auf seine Kraft vertrauen. Im Blick auf verschiedene Menschen der Bibel ist ihnen klar geworden: Der Geist Gottes setzt Menschen in Bewegung, kann Grenzen überwinden, macht Liebe, Frieden, Versöhnung und neues Leben möglich damals und heute.
Die Begeisterung und der Mut dieser libanesischen Frauen hat mich betroffen und nachdenklich gemacht.
Immer wieder stoße ich an die Grenzen meiner Möglichkeiten, doch viel zu selten denke ich an die Kraft des Hl. Geistes, der mich über mich selbst hinausweist, der mehr Möglichkeiten hat als ich denken kann, der mich aus dem eigenen engen Dunstkreis meines Denkens hinausführen kann in die Weite und neues Leben möglich macht. Viel zu oft ertappe ich mich dabei, dass ich alles aus eigener Kraft schaffen will und dem Hl. Geist nur wenig zutraue, ihm viel zu wenige Möglichkeiten eröffne, um in meinem Leben wirksam zu werden.
Und dabei hätte ich den Geist Gottes in vielen Lebenssituationen bitter nötig. Es täte mir sicher gut, jeden Tag mit den Frauen aus dem Libanon zu beten: Heiliger Geist, erfülle mich!, damit ich meinem Leben gewachsen bin, damit ich die richtigen Entscheidungen treffe, damit ich Mensch unter Menschen bleibe.
Vielleicht ist es bereits eine Frucht des Hl. Geistes, wenn Millionen von Menschen am letzten Wochenende auf die Strasse gingen, um für den Frieden und gegen den Krieg zu demonstrieren. Zumindest sind dadurch die Menschen wieder in den Blick gekommen. Die Menschen, die Angst um ihr Leben haben, die ihre Heimat verlassen und die leidvollen Folgen eines Krieges ertragen müssen. Vorher kam es mir so vor, dass aufgrund des technischen Fortschritts der Krieg einem Computerspiel gleicht, bei dem es nur um Objekte geht, die zerstört werden müssen.
Ohne den Druck auf Saddam Hussein aufzuheben, lehrt uns der Geist Gottes weiterhin nach friedlichen Lösungen des Konfliktes zu suchen. Auch hier möchte ich bitten: Heiliger Geist, erfülle die Politiker unserer Tage.
Die Frauen aus dem Libanon laden jede Frau und jeden Mann ein, mit ihnen um den Geist Gottes zu beten und in seinem Geiste zu handeln. Ich glaube, dass diese Besinnung auf den Hl. Geist in allen Bereichen des Lebens notwendig ist, damit unser Leben, unsere Kirche und unsere Welt eine Zukunft haben.

2007-03-17

Reiß mich aus den alten Gleisen

In einer Geschichte wird erzählt: „Ein Mann sitzt in einem Zug. Bei jeder Station, an der der Zug hält, und sich anschließend wieder in Bewegung setzt, beginnt der Mann zu stöhnen. Sein Nachbar hört sich das eine Weile an. Doch nach einiger Zeit wird es ihm zu bunt. Er fragt Ihn: „Warum stöhnen Sie denn immer, wenn wir an einer Station halten und dann weiterfahren?“ Der Mann antwortete: „ Das kann ich Ihnen sagen: Ich müsste längst aussteigen, denn ich fahre dauernd in die falsche Richtung. Aber hier drin ist es so schön warm!“
Geht es uns in unserem Alltag nicht oft auch so wie diesem Mann. Da spüre ich, dass mir mal wieder ein Wort zu viel über die Lippen gekommen ist, doch ich finde nicht die Kraft, mich dafür zu entschuldigen. In letzter Zeit komme ich dauernd zu spät und verärgere damit meine Fahrgemeinschaft. Doch ich schaffe es nicht früher aus den Federn zu kommen. Meine Freunde sagen mir dauernd, dass mein Freund oder meine Freundin nicht zu mir passt. Auch ich selbst spüre ganz tief in mir, dass da etwas zwischen uns nicht stimmt. Doch ich schaffe es nicht, mich frühzeitig zu trennen. Ich spüre, dass ich mit meinem Leben auf einem Holzweg bin. Doch ich schaffe es nicht, etwas daran zu ändern.
Oft bin ich erst bereit meine Gefühle und Gedanken zuzulassen, wenn ich total an der Wand stehe. Erst dann, wenn nichts mehr geht, frage ich nach dem Sinn meines Lebens. Erst dann erinnere ich mich an das Wohlwollen anderer Menschen, die doch weiter gesehen haben als ich selbst. Und oft fällt mir erst dann wieder der Name Gottes ein, den ich sonst im Alltag vergessen habe.
In ähnlicher Situation befindet sich auch der verlorene Sohn im Evangelium des 4. Fastensonntags. Erst als nichts mehr ging in seinem Leben, dachte er nach über seinen Vater und über all das, was er aufgegeben hatte. Und er entschloss sich, seine Schuld einzugestehen und zum Vater zurückzukehren. Ganz klein und auf alles gefasst kommt er an. Doch die erwartete Moralpredigt bleibt aus. Kein „Wie konntest du mir das antun?“ war zu hören. Noch nicht einmal die Frage: „Was hast du gemacht? Wie bist du so heruntergekommen?“
Der Vater wartet auf den Sohn mit offenen Armen. Er läuft ihm entgegen. Er nimmt ihn an, so wie er ist und lässt für ihn, den Heruntergekommenen, ein Fest vorbereiten. Er weiß vor Freude über den zurück gekommenen Sohn gar nicht, was er noch tun soll.
Warum sollte die Fastenzeit nicht auch für mich zu einer solchen Heimkehr werden? Zu einem Weg heim zur Gemeinschaft mit Gott, dem Ziel meiner Sehnsucht und der Erfüllung meiner Freiheit? Gott wartet auch auf mich mit offenen Armen. Er wartet in Liebe und Geduld darauf, dass ich es schaffe endlich auszusteigen aus dem Zug, der in die falsche Richtung fährt! Er wartet darauf, mit mir das neue Leben an Ostern zu feiern. Er schenkt mir einen neuen Anfang. Und für diesen ist es nie zu spät. Um den Absprung aus dem fahrenden Zug besser zu schaffen, hilft mir der Text eines Liedes. Dort heißt es: Gib mir den Mut, mich selbst zu kennen, mach mich bereit zu neuem Tun. Und reiß mich aus den alten Gleisen; ich glaube, Herr dann wird es gut. Denn wenn du ja sagst, kann ich leben, stehst du zu mir, dann kann ich gehen, dann kann ich neue Lieder singen und selbst ein Lied für andre sein. Drum ist mein Leben nicht vergeblich, es kann für andre Hilfe sein. Ich darf mich meines Lebens freuen und andren Grund zur Freude sein.

2014-03-08

Bitte, wenden Sie jetzt!

Wenn diese Ansage aus dem Navi im Auto ertönt, befinde ich mich auf einem Weg, der mich nicht zum angegebenen Ziel führt. Wenn ich das Ziel erreichen will, sollte ich umkehren. Manchmal ist das gar nicht so einfach, vor allem auf der Autobahn. Dann muss ich weiter fahren bis zur nächsten Ausfahrt. Das Zurückfahren kostet mich kostbare Zeit. Doch um des Zieles willen, ist es nötig umzukehren.
Die Fastenzeit, die mit dem Aschermittwoch begonnen hat, ist vergleichbar mit dem Navigator im Auto. Sie hilft mir, das Ziel meines Lebens wieder neu in den Blick zu nehmen, das heißt konkret, Gott wieder neu in den Blick zu nehmen und mein Leben an ihm auszurichten. Denn er ist es, der mich durch mein Leben trägt, der mir Leben in Fülle verheißt, selbst über den Tod hinaus, der mich bedingungslos liebt und annimmt, der vergibt und mir immer wieder einen neuen Anfang möglich macht. Er ist es, der mich erwartet, der meine Wunden heilt und sich über mich freut. Er ist es, der mich in diese Welt sendet, um Zeugnis von seiner Liebe zu geben, da wo ich lebe und arbeite. Er traut mir zu, dass ich ihn vor den Menschen repräsentieren kann, weil er in einem jeden von uns lebt und er sagt mir zu, dass er sich finden lässt, wenn ich ihn suche in den Menschen, die mir begegnen, in den Ereignissen und Erlebnissen meines Lebens, in der Stille, in seinem Wort, im Gottesdienst und in seiner Schöpfung.
Manchmal verliere ich mein Ziel, diesen liebenden Gott aus den Augen. Ich stelle mich selbst in den Mittelpunkt und eifere meinen eigenen Zielen und Gedanken nach. Ich entferne mich leicht von diesem Gott, der will, dass mein Leben gelingt, weil ich denke: Ich kann es besser alleine. Ich habe alles im Griff. Dabei komme ich dann oft auf Abwege und lande gerne in Sackgassen.
Deshalb ruft mir die Fastenzeit, wie die Stimme in meinem Navi, zu: Bitte, wenden Sie jetzt!
Jetzt ist Zeit umzukehren, neu zu werden und das Leben neu zu finden. Jetzt ist Zeit, mich wieder an Gott festzumachen und für seine liebende Zuwendung zu öffnen. Jetzt ist Zeit, mein Leben zu überdenken! Jetzt ist Zeit, mich zu versöhnen und alte Rechnungen, die noch offen stehen, zu begleichen! Jetzt ist Zeit eine Kurskorrektur vorzunehmen. Bitte, wenden Sie jetzt! Damit Sie an Ostern wieder neu durchstarten und auf der optimalen Route zum verheißenen Leben in Fülle weiterfahren können.

Ostern

1999-04-24.

Hirten gesucht

Es gehört zu mir als Mensch, das ich mich immer wieder danach sehne, jemanden zu haben, auf den ich mich verlassen kann, bei dem ich geborgen bin, dem ich etwas ganz Persönliches anvertrauen kann, ohne, dass es am nächsten Tag die Spatzen vom Dach pfeifen.
Ich will angenommen und geliebt sein, so wie ich bin und irgendwo will ich dazu gehören. Ich freue mich darüber, wenn jemand meinen Namen kennt und ich das Gefühl haben darf: „Dieser Mensch versteht mich!"
Und es tut immer wieder gut, zu wissen: Da ist jemand, der auf mich wartet. Diesem Mensch bin ich nicht gleichgültig. Ihm geht es um mich. Er riskiert im Ernstfall Kopf und Kragen für mich. Er schenkt mir Freiheit und gleichzeitig bietet er mir Schutz und Sicherheit. In seiner Umgebung kann ich mich zu dem Menschen entfalten, der ich sein kann.
Doch oftmals mache ich ganz andere, gegenteilige Erfahrungen. Da gibt es Menschen in meiner Umgebung, denen geht es nicht um mich, sondern um ihren eigenen Vorteil. Die benutzen mich für ihre Zwecke und nützen meine Gutmütigkeit schamlos aus. Sie lieben mich, weil ich ihnen nützlich bin, weil ich dieses oder jenes gut kann, aber nicht um meiner selbst willen. Sie missbrauchen mein Vertrauen, hauen mich in die Pfanne und verletzen mich. Wenn es brenzlig wird, ziehen sie sich aus der Affäre und lassen mich fallen, wie eine heiße Kartoffel. In der Umgebung solcher Menschen fühle ich mich nicht wohl; denn ich spüre: „In deren Augen bin ich nur Ware und Produkt, aber kein Mensch!"
Jesus entlarvt Menschen, die so mit mir umgehen im Evangelium vom
4. Ostersonntag (Joh 10,1-10) als Diebe und Räuber, die sich durch die Hintertür der Schafe, wir könnten auch einsetzen, der Menschen, bemächtigen.
Im Unterschied zu ihnen, bezeichnet er sich selbst in diesem Evangelium als der gute Hirt, dem es um das Wohlergehen und das Leben der Schafe geht.
Er bietet sich uns Menschen als zuverlässiger Lebenspartner an, den wir im tiefsten ersehnen und den ich eingangs beschrieben habe. Er spricht seine Absicht mit uns deutlich aus: „Ich will, dass sie das Leben haben und es in Fülle haben."
Und wenn wir am 4. Ostersonntag den Welttag der geistlichen Berufe begehen, geht es um nichts anderes: Gott sucht Menschen (Hirten), die den Menschen unserer Tage seine Hirtensorge um uns spürbar und erfahrbar machen.
Je mehr die hauptamtlichen Seelsorger und Seelsorgerinnen in ihrem Handeln und Sein am Vorbild des guten Hirten Maß nehmen, desto mehr werden die Menschen um sie herum von der Absicht Gottes spüren, sie zum Leben in Fülle zu befreien. Und je mehr wir als Menschen und Christen bereit sind, diese Hirtensorge füreinander in den verschiedensten Lebenssituationen zu übernehmen, desto eher wird mein eigenes und das Leben anderer Menschen gelingen. Dann wird die tiefe Sehnsucht nach Leben und Liebe, die in uns allen steckt, mitten im Alltag eine Antwort finden.

2000-04-29

Zieht den neuen Menschen an!

Morgen feiern wir den Weißen Sonntag. Haben Sie sich schon einmal gefragt, warum dieser Sonntag diesen Namen trägt?
Er wird „Weißer Sonntag" genannt, in Erinnerung daran, dass die in der Osternacht Neugetauften in der frühen Kirche eine Woche lang weiße Kleider trugen und diese am Sonntag nach Ostern, dem sogenannten „Weißen Sonntag", wieder ablegten. Die weißen Kleider erinnerten sie die ganze Osterwoche daran, dass sie in ihrer Taufe an Ostern, Christus als Gewand und damit den neuen Menschen angezogen hatten. Das Kleid, das sie äußerlich trugen, wollte helfen, das, was in der Taufe geschehen war, zu verinnerlichen.
Auch im Ritus der heutigen Kindertaufe hat sich das Symbol des Taufkleides erhalten. Dem Täufling wird das weiße Kleid aufgelegt, damit deutlich wird, dass aus dem getauften Kind ein neuer Mensch, ein Gotteskind wird, indem es Christus als Gewand anzieht.
So war der „Weiße Sonntag" in der Geschichte der Kirche zunächst ein Taufgedächtnistag. Seit der Mitte des 19. Jahrhunderts hat sich dieser Tag mehr und mehr zum Tag der Erstkommunion in unseren Diözesen entwickelt.
Doch auch am Tag der Erstkommunion spielen die Kleider eine große Rolle. Die Mädchen tragen kunstvolle weiße Kleider und die Jungen stecken sich grüne Hoffnungszweige an ihren Kommunionanzug. Dabei geht es in erster Linie nicht um die äußerliche Verschönerung des großen Festes für die Kinder. Es geht dabei um viel mehr. Die weißen Kleider und die grünen Zweige zeigen an: Hier wird etwas fortgesetzt und vertieft, was in der Taufe begonnen hat. Die Kommunionkinder treten ein in eine neue, intensive Gemeinschaft mit Christus, dem auferstandenen Herrn. Indem sich der auferstandene Herr an sie verschenkt im Brot und im Wein, schenkt er ihnen neues Leben. Mehr noch: Er will in diesen jungen Menschen und durch sie hindurch leben und auferstehen. Die weißen Kleider und die grünen Zweige am Weißen Sonntag zeigen an, dieses Mädchen, dieser Junge gehört zu Christus, hat ihn als Gewand angezogen, der neues Leben schenkt und uns neue Hoffnung gebracht hat.
So ist der „Weiße Sonntag" auch für uns Erwachsene mehr als ein Tag nostalgischer Erinnerungen. Er ist vielmehr eine Herausforderung an unser Christsein. Im Blick auf die Erstkommunionkinder am Weißen Sonntag und in der Mitfeier der Eucharistie erreicht uns wieder neu die österliche Einladung: „Zieht den neuen Menschen an!" (Eph 4,24). Lasst Euch durch die Feier des Todes und der Auferstehung Christi immer wieder verwandeln, damit durch Eure Art zu leben, zu reden und zu handeln für die Menschen unserer Zeit spürbar und erfahrbar wird: „Der Herr lebt! Er ist wahrhaft auferstanden!"
Denn Christus hat keine Hände, nur unsere Hände,
um seine Arbeit heute zu tun.
Er hat keine Füße, nur unsere Füße,
um Menschen auf seinen Weg zu führen.
Christus hat keine Lippen, nur unsere Lippen,
um Menschen von ihm zu erzählen.
Wir sind die lebendige Bibel,
die die Öffentlichkeit noch liest.
Wir sind Gottes frohe Botschaft vom Leben,
in Taten und Worten geschrieben.

2017-04-01

Was macht mein Leben lebendiger?

Letzten Samstag nahm ich an einem Besinnungstag der kfd in Cochem teil. Die bekannte Autorin spiritueller Bücher, Andrea Schwarz, war als Referentin eingeladen und warf mit den anwesenden Frauen einen Blick auf die Fastenzeit, auf den Karfreitag und auf das bevorstehende Osterfest, angelehnt an ihr Buch: „Eigentlich ist Ostern ganz anders!“
Sie machte uns noch einmal darauf aufmerksam, auf welches Fest wir uns in der Fastenzeit vorbereiten. Es ist das Fest der Auferstehung Jesu, an dem wir den Sieg des Lebens über den Tod feiern. Es geht aber auch darum, dass wir selbst an Ostern zu neuem Leben auferstehen. Und Andrea Schwarz folgerte weiter: „Wenn wir uns in der Fastenzeit auf das Fest des Lebens vorbereiten, dann ist die Fastenzeit ein Trainingslager, um lebendiger zu werden.“ Dieser Gedanke hat mir an diesem Besinnungstag besonders gut gefallen. Die Fastenzeit nicht als eine Zeit des Verzichtens um des Verzichtens willen zu verstehen, sondern als eine Zeit, in der ich im Blick auf Ostern lebendiger werden darf und kann.
Die diesjährige Fastenzeit geht bereits in ihre letzte Phase. Zwei Wochen bleiben uns noch bis zum Osterfest. Zwei Wochen, um lebendiger zu werden. Versuchen wir in dieser Zeit herauszufinden, was uns am Leben hindert und sammeln und spinnen wir alleine, mit der Familie oder im Freundeskreis Ideen zu der Frage: Was hilft mir, lebendiger zu werden? Und setzen wir dann diese Ideen in die Tat um.
Dazu ermuntert uns auch das Thema der diesjährigen Misereor-Fastenaktion morgen am Misereorsonntag. Es lautet: „Die Welt ist voller guter Ideen. Lass sie wachsen!“
Ich wünsche uns allen in diesen letzten zwei Wochen der Fastenzeit gute Ideen, die uns helfen lebendiger zu werden. Dann ist Ostern in diesem Jahr für uns vielleicht ganz anders. Dann feiern wir nicht nur ein Fest im Kirchenjahr in Erinnerung an die Auferstehung Jesu, sondern dann kann Auferstehung auch in uns geschehen an Ostern, an jedem Tag des Jahres hier und jetzt. Diese Erfahrung wünsche ich uns allen.

2019-04-20

Ostern – der Sieg des Lebens über den Tod

Mit dem heutigen Karsamstag endet die Fastenzeit und heute Abend feiern wir bereits in vielen Kirchen den höchsten und feierlichsten Gottesdienst des Jahres, die Osternacht. Ostern, das höchste Fest der Christenheit, ist mehr als ein Fest im Frühling, das uns zwei freie Tage beschert und für das wir Osterhasen kaufen und Ostereier bemalen. Ostern ist für uns Christen eine Frage von Leben und Tod. An Ostern feiern wir die Auferstehung unseres Herrn Jesus Christus. Seine Geschichte endet nicht am Karfreitag am Kreuz auf Golgotha, sondern Gott hat ihn auferweckt, er hat ihn aus dem Tod befreit und neues Leben ermöglicht. So hat Gott in Jesus Christus für uns alle eine Tür zum ewigen Leben eröffnet. Für uns Menschen gibt es seit der Auferstehung Jesu die Hoffnung, dass unser Leben immer eine Zukunft hat, sowohl jetzt schon in unserem alltäglichen Leben als auch im Angesicht des sicheren Todes. Wir feiern an Ostern den Sieg des Lebens über den Tod. Als Zeichen des neuen Lebens färben wir Ostereier, denn auch das Ei ist ein Symbol des Lebens. Und der Hase spielt an Ostern eine Rolle, weil er mit offenen Augen schläft und eine Symbolfigur für die Fruchtbarkeit ist, die ebenfalls für neues Leben sorgt. Manchmal feiern wir mitten am Tag ein Fest der Auferstehung, wie es in einem neuen geistlichen Lied heißt. Das geschieht dann, wenn es nach dem vermeintlichen Nullpunkt in unserem Leben wieder einen Neuanfang gibt, wenn Menschen sich nach langem Streit wieder versöhnen, wenn ich nach einer Krankheit wieder gesund werde, wenn nach dem langen Winter die ersten Frühlingsblumen blühen, wenn ich mitten in meiner Trauer noch die Zeichen von Liebe, Nähe und Zuwendung wahrnehme und spüre, wenn ich in scheinbar aussichtslosen Situationen die Hoffnung nicht aufgebe und wenn ich in der Zuversicht lebe, dass mit dem Tod eben nicht alles aus ist. Das Osterfest feiern wir nur einmal im Jahr, aber über das Jahr verteilt feiern wir immer wieder mitten im Alltag ein Fest der Auferstehung. Wir brauchen das Osterfest in jedem Jahr wieder zur Ermutigung, damit unsere Hoffnung gestärkt wird. und wir sie nicht im Laufe eines Jahres verlieren. Jesus ist nach seinem Tod seinen Jüngern und vielen Zeugen erschienen, die uns diese Botschaft, oft unter dem Einsatz ihres eigenen Lebens, verkündet haben. Die Begegnung mit dem auferstandenen Herrn hat ängstliche Menschen in mutige Glaubenszeugen und – zeuginnen verwandelt. Das diesjährige Osterfest und die vielen österlichen Erfahrungen in unserem alltäglichen Leben können auch uns zu glaubwürdigen Zeugen und Zeuginnen verwandeln, die den Menschen von heute davon Kunde bringen: Das Leben ist stärker als der Tod und die Liebe ist stärker als der Hass. 50 Tage liegen zwischen Ostern und Pfingsten. Haben Sie sich schon einmal überlegt, wie sie diese Tage gestalten? Wir Christen haben mehr Erfahrung damit, der Fastenzeit eine besondere Gestalt zu geben als der Osterzeit. Aber das kann sich ja ändern. Überlegen Sie doch in diesen österlichen Tagen gemeinsam mit Ihrer Familie wie Sie der Osterzeit, in der wir den Sieg des Lebens über den Tod feiern, ein Gesicht geben wollen. Ich wünsche uns allen viele gute Ideen und viele österliche Erfahrungen und Erlebnisse. In diesem Sinne frohe und gesegnete Ostern 2019.

Frühjahr

1998-05-16

Hoffnungszeichen

Für mich ist es im Frühling an der Mosel immer eine spannende Angelegenheit, die Weinreben zu beobachten. Stehen sie im Winter karg und kahl in den Weinbergen, bilden sich im Frühjahr langsam Knospen an den gewundenen und gebundenen Rebzweigen. Und dann geschieht es über Nacht: Ganz heimlich, ohne Plan und genaue Terminbestimmung brechen die Knospen auf und bringen frische, grüne Blätter hervor. So wandelt sich der karge, kahle Weinberg nach und nach in ein von Grün erfülltes, lebendiges Land.

Und ähnliches geschieht im Frühjahr überall in der Natur:

Die Bäume grünen und blühen, die Vögel kehren zurück und wecken uns mit ihrem Gesang und die Blumen sprießen aus der Erde hervor. Die Vielfalt der Farben wird sichtbar und keine stört die andere, verdrängt die andere oder beißt sich mit der anderen. Selbst aus mancher Mauer im Garten oder am Wegesrand wachsen grüne oder blühende Pflanzen hervor. Auch der Asphalt im Hof kann die Kraft des jungen Grün nicht bändigen.

So stimmt mich der Frühling immer wieder froh. Denn er steckt voller Hoffnungszeichen für mein persönliches Leben.

Die aufbrechende und blühende Natur im Frühling zeigt mir: Auch in mir wollen sich die Kräfte und Fähigkeiten entfalten. Sie sind da, bei mir und bei jedem Menschen, auch dann, wenn sie noch schlummern, wie in der Natur im Winter. Wenn die guten Kräfte, die Kräfte des Lebens in uns wachsen und reifen und schließlich zur Entfaltung kommen, dann wird der Frühling in den Herzen der Menschen anbrechen und letztlich Freude, Zuversicht und neuen Lebensmut schenken, mir selbst und den Menschen, die mit mir leben und arbeiten.

Auch die Vielfalt und das Miteinander der Farben in der Natur ist für mich ein Hoffnungszeichen für ein friedliches Miteinander der Menschen. Es wäre schön und wünschenswert, wenn wir Menschen von der Natur lernen würden. Wenn wir, wie die Farben in der Natur, nebeneinander existieren könnten, ohne uns zu beißen, zu verdrängen und zu übertrumpfen. Wenn wir die Vielfalt der Begabungen und Kulturen als Geschenke füreinander begriffen und so mitbauten an der einen Welt, in der alle Platz haben, erwünscht und geliebt sind.

Und schließlich zeigt mir die erwachende Natur im Frühling: Das Leben ist stärker als der Tod. Es kann Hindernisse überwinden und Mauern durchbrechen. Nichts ist hoffnungslos und ausweglos. In jeder Erfahrung des Todes liegt bereits der Same und der Keim des neuen Lebens. Oder mit einem Sprichwort ausgedrückt:

„Die Mitte der Nacht ist bereits der Anfang des neuen Morgens!"

Alle diese Hoffnungszeichen im Frühling helfen mir an Jesu österliche Verheißungen zu glauben:

„Ich will, daß sie das Leben haben und es in Fülle haben!" (Joh 10,10) und

„Ich bin die Auferstehung und das Leben. Wer an mich glaubt, wird leben, auch wenn er stirbt!" (Joh 11,25)

Diese Hoffnungszeichen ermutigen mich aber auch, wie Jesus, ein Anwalt bzw. eine Anwältin für das Leben zu sein.

2008-06-14

Glaube will gelebt werden

In einem Sonntagsgottesdienst während meines Urlaubs habe ich folgende Geschichte gehört, die mich persönlich sehr angesprochen hat:

„Ein Mann hatte einen Traum. Im Traum sah er sich an einem schönen Sommerabend mit Freunden draußen in einem Garten beim Grillen und Feiern. In froher Runde hatte er auch etwas getrunken. Es war schon nach Mitternacht als er den Heimweg mit seinem Auto antrat. Unterwegs wurde er dann durch ein Lichtsignal zum Halten des Fahrzeuges gezwungen. Er dachte: ´Jetzt ist es passiert! Der Führerschein ist weg!`
Doch es kam ganz anders. Er hielt an und vor ihm stand eine Lichtgestalt, die ihn fragte: ´Haben Sie ihren Taufschein dabei?` Er wurde ganz verlegen und verteidigte sich: ´Den habe ich seit meiner Trauung nicht mehr in der Hand gehabt!` Die Lichtgestalt antwortete: „Dann beweisen Sie mir auf andere Weise, dass sie glauben!" Der Mann wurde still. Dann fragte ihn die Gestalt: „Wie viel Kirchensteuer zahlen Sie?" Der Mann antwortete zögerlich: „Da muss ich erst auf meiner Lohnabrechnung nachsehen. Das weiß ich nicht auswendig!" Und wieder sagte die Lichtgestalt: „Dann beweisen Sie mir auf andere Weise, dass sie glauben!"
Und schließlich fragte ihn die Lichtgestalt: „Sie gehören doch sicher zu einer Pfarrgemeinde!" Der Mann stammelte: "Ja, ja! Selbstverständlich!" Die Lichtgestalt erwiderte: „Dann können wir ja zu ihrem Pfarrer fahren und ihn über ihren Glauben befragen!" Der Mann entgegnete ganz aufgeregt: „ Nein! Denn der Pfarrer kennt mich kaum. Ich gehe höchstens an Weihnachten und Ostern zur Kirche und ansonsten praktiziere ich nicht!" Und zum dritten Mal forderte die Lichtgestalt den Mann auf: „Dann beweisen Sie mir auf andere Weise, dass sie glauben!"
Danach wachte der Mann schweißgebadet auf aus seinem Traum, der sich inzwischen für ihn zum Albtraum entwickelt hatte und freute sich, dass das alles nur ein Traum war. Doch die bohrende Aufforderung der Lichtgestalt ließ ihn ab diesem Zeitpunkt nicht mehr los: „Dann beweisen Sie mir auf andere Weise, dass Sie glauben!"
Diese Geschichte macht mich nachdenklich. Wie beweise ich meinen Glauben?
Doch sie gibt mir auch den Impuls: Glaubenswissen reicht nicht aus. Glaube will gelebt und erfahren werden.

2015-05-09

Wehret den Anfängen

Am 7. Mai 1945 unterzeichnete Generaloberst Jodl in Reims, im Hauptquartier der Alliierten die bedingungslose Kapitulation des Deutschen Reiches. Sie trat am 8. Mai 1945 um 23.00 Uhr in Kraft. In der Nacht zum 9. Mai unterschrieb Feldmarschall Wilhelm Keitel die Kapitulationsurkunde im sowjetischen Hauptquartier in Berlin-Karlshorst. Nach mehr als 5 Jahren Krieg schwiegen in Europa endlich die Waffen. Vor genau 70 Jahren versank das Nazi-Regime in einem Meer von Blut und Tränen. Denn die Bilanz des Zweiten Weltkrieges ist erschütternd: Über 60 Millionen Menschen starben, mehr als sechs Millionen europäische Juden wurden ermordet. Tausende Sinti und Roma, Menschen mit Behinderungen, politisch Andersdenkende und Homosexuelle wurden verfolgt und getötet. 17 Millionen Menschen waren verschollen. Europa war ein Trümmerhaufen.
Nach dem Ende des Krieges begann die Rache der Sieger – Rache für millionenfaches Leid, das von Deutschen und ihren Helfern angerichtet worden war. 14 Millionen Deutsche wurden vertrieben. Es waren vor allem die Frauen, die für Hitlers Krieg bezahlen mussten: Vergewaltigungen, Plünderungen und Morde waren an der Tagesordnung.
Mehr als die Hälfte der 5,7 Millionen Soldaten der Roten Armee überlebten die deutsche Gefangenschaft nicht. Nach Zwangsarbeit, Hunger und Krankheit kehrten nur 2 Millionen der 3,2, Millionen deutschen Kriegsgefangenen aus der Sowjetunion zurück. Das Schicksal von 1,3 Millionen Soldaten ist bis heute ungeklärt.
Das alles sind Zahlen. Doch hinter den Zahlen verbergen sich eben millionenfache menschliche Schicksale, unsägliche Angst in Bombennächten, vor Verhaftung, in den Konzentrationslagern und in den Schützengräben, Trauer und unbeschreibliches Leid, Schmerz über verlorene Angehörige, vielfache traumatische Erlebnisse, die nicht therapiert wurden, sondern ständige Lebensbegleiter blieben.
Doch das Ende des Krieges war nicht die Ursache für Flucht, Vertreibung und Unfreiheit. Die Ursache liegt vielmehr in seinem Anfang und im Beginn jener diktatorischen Gewaltherrschaft, die zum Krieg führte. Richard von Weizsäcker sagte in seiner Ansprache zum 40. Jahrestag des Kriegsendes: „Der 8. Mai 1945 darf nicht vom 30. Januar 1933 – dem Tag der Machtübertragung an Hitler – getrennt werden.“

2009-05-02

Jede/r ist gerufen, jede/r ist gesandt

Nachdem wir im Bistum Trier Strukturen für die Zukunft geschaffen haben, beschäftigen mich immer mehr die Fragen: Wie und wo können Menschen in den größer gewordenen pastoralen Räumen erfahren, dass Christus lebt? Wo und wie können sie ihm begegnen? Wo wird sein Geist spürbar in unseren Pfarreiengemeinschaften? Wie kann auch unter den veränderten personellen Bedingungen Seelsorge in unseren Gemeinden gelingen? Wer hat in Zukunft noch die Kinder und Jugendlichen, die Familien, die alten und kranken Menschen, die gescheiterten und vom Leben gebeutelten Menschen in unseren Gemeinden im Blick?

Ich glaube, dass sind Fragen, die nicht nur die Verantwortlichen in unserem Bistum und in unseren Dekanaten beschäftigen sollten, sondern jeden einzelnen Christenmenschen in unseren Gemeinden.

In der Taufe und in der Firmung hat Gott uns ausgerüstet mit seinem Geist. Wir gehören zum Volk Gottes und wir sind gerufen und gesandt, Zeugnis von seiner Liebe zu geben durch unser Leben. Wir sind gerufen und gesandt, Gottes Geist des Friedens, der Freude, der Liebe und der Gerechtigkeit spürbar und erfahrbar zu machen durch die Art und Weise, wie wir miteinander umgehen. Gott traut uns getauften und gefirmten Menschen zu, Licht der Welt und Salz der Erde zu sein. (Vgl. Mt 5,13ff)

Wenn Gottes Geist in allen Christen wirksam ist, dann heißt das für den Umgang miteinander, dass wir sehr respektvoll und wertschätzend miteinander umgehen, dass wir aufeinander hören, dass wir bereit sind gemeinsam nach der besten Lösung zu suchen und keine Patentrezepte der Experten erwarten, dass wir unsere persönlichen Fähigkeiten und Geistesgaben in unseren Gemeinden ins Spiel bringen und uns an der Vielfalt der Gaben freuen und uns nicht eifersüchtig miteinander vergleichen, dass wir unsere Lebens- und Glaubenserfahrungen miteinander teilen, dass Gemeindeleiter den Gemeindemitgliedern etwas zutrauen, ja ihnen vertrauen und dass wir uns selbst auch trauen, ja uns etwas zutrauen, nicht weil wir selbst die Macher sein wollen, sondern weil Gott uns ruft und sendet.

Gott ist immer auf Sendung. Er sendet uns seinen Geist und er ruft und sendet Sie und mich an jedem Tag neu. Er wartet auf Ihre und meine Antwort.

Wenn wir an diesem Sonntag den Welttag der geistlichen Berufe begehen, wäre es gut, noch einmal der eigenen Berufung und der eigenen Sendung nachzuspüren. Und vielleicht können dann auch wir, wie der Prophet Jesaja, ganz persönlich antworten: „Hier bin ich, sende mich!“ (Jes 6,8)

Sommer

1997-07-19

Mach mal Pause!

Am Ende dieser Woche beginnen in Rheinland Pfalz die Schulferien. Darüber freuen sich bei uns nicht nur die Schüler/innen und die Lehrer/innen.
Auch viele andere Menschen sind froh, dass jetzt endlich die schönste Zeit des Jahres da ist, die Urlaubszeit.
Für manche Menschen heißt das Koffer packen und möglichst weit von zu Hause wegfahren.
Für andere bedeutet es, andere Länder und andere Sitten kennenzulernen und etwas Besonderes zu erleben. Wieder andere sind froh, ihr Leben einmal ohne Terminkalender gestalten und aus dem Alltagstrott ausbrechen zu können. Sie genießen den Freiraum und die freie Zeit ohne besondere Verpflichtungen. Viele Menschen verbringen ihren Urlaub ganz freiwillig oder gezwungenermaßen zu Hause auf „Balkonia“.
Ganz gleich, wie wir unseren Urlaub gestalten und wo wir ihn verbringen, sollten wir dabei nicht vergessen:
Die Urlaubszeit ist eine geschenkte Zeit, in der wir uns ausruhen dürfen, in der wir Pause machen dürfen, in der wir auftanken können und uns rund herum erholen dürfen, in der wir Kräfte und Sonnenstrahlen sammeln dürfen für den Alltag.
Auch Jesus hat seinen Jüngern schon ihren Urlaub gegönnt. Als sie abgehetzt und erschöpft von ihrer Missionsreise kamen, wie das Evangelium von diesem Sonntag berichtet, lädt er sie ein mit ihm an einen einsamen Ort zu kommen und auszuruhen.
Diese Einladung gilt auch uns an diesem Sonntag.
Und das Evangelium gibt uns auch ganz konkrete Hinweise, wie wir das in unserem Urlaub verwirklichen können. Dort heißt es zu Beginn: Sie berichteten alles, was sie getan und gelehrt hatten.
Vielleicht täte es auch uns im Urlaub gut, einander alles zu erzählen, was wir das Jahr über erlebt haben, was uns beschäftigt und wovon unser Herz voll ist.
So können wir uns gegenseitig im Urlaub helfen, das Erlebte des ganzen Jahres zu verarbeiten.
Darüber hinaus zeigt uns das Evangelium: Ein Tapetenwechsel tut gut, auch für die, die ihren Urlaub zu Hause verbringen. Oft reicht da schon ein Tagesausflug oder eine Wanderung, um sich zu erholen.
Und schließlich lädt Jesus uns ein an einen einsamen Ort.
Vielleicht brauchen wir heute, mehr denn je, diese einsamen Orte, um einfach wieder mehr zu uns selbst zu kommen, um uns selbst wieder wahrzunehmen als Person und Persönlichkeit, die einmalig auf dieser Welt ist, um die Schöpfung um uns herum aufmerksam zu betrachten und wieder das Singen eines Vogels, das Zirpen einer Grille, das Rauschen der Bäume im Wind zu hören und dabei eine tiefe Freude zu erfahren.
Und sicherlich täte es uns gut in unserem Urlaub neben all unseren Beschäftigungen auch immer wieder die Begegnung mit Jesus zu suchen in der Stille einer Kirche, in der Natur, in Gebet und Gottesdienst und in der Begegnung mit den Menschen, die mit uns leben und denen wir im Urlaub begegnen. Denn er macht keine Ferien. Er lädt uns vielmehr ein:
Macht mal Pause! Kommt alle zu mir, die ihr Euch plagt und unter Lasten stöhnt, ich werde Euch Ruhe verschaffen.
In diesem Sinne wünsche ich uns allen eine erholsame Urlaubszeit.

1998-08-22

Aufstand des Lebens gegen den Tod

In meinem Sommerurlaub besuchte ich an einem Tag Dörfer im Epizentrum des Erdbebengebietes in Umbrien. Der Anblick war erschütternd: Zerfallene Häuser, eingestürzt wie Kartenhäuser, Häuser mit heraus gebrochenen Wänden, durch die die Inneneinrichtung sichtbar wurde. Hier hatten Menschen ihr Haus fluchtartig verlassen, um nicht selbst unter dem Schutt begraben zu werden. In einem solchen Haus waren 2 Menschen ums Leben gekommen. Darüber hinaus überall ängstliche Menschen, eingeschüchtert von 12000 Erdbeben in einem ¾ Jahr.
Diese zerfallenen Häuser und die von Angst erfüllten Gesichter der Menschen waren für mich Zeichen für die Vergänglichkeit und Zerbrechlichkeit unseres menschlichen Strebens und Lebens und für die Ohnmacht des Menschen angesichts solcher Naturkatastrophen. Es waren Spuren des Todes mitten im Leben.
Doch genau auf der anderen Seite der Straße, im neu errichteten Containerdorf für die obdachlos gewordenen Menschen, durfte ich auch eine andere Erfahrung machen:
Da boten Menschen trotz ihrer elenden Situation ihre Gastfreundschaft an.
Da zeigten Menschen Freude darüber, dass sich jemand für sie und ihre Situation interessiert.
Da blühten Blumen vor den Containern, die liebevoll gepflegt wurden.
Da hatten Menschen ihre Notkirche bunt bemalt mit religiösen Motiven und einen Glockenturm aus Holz errichtet, der die Kirche als Kirche sichtbar macht.
Neben den Trümmern erwacht neues Leben. Neben der Erfahrung des nahen Todes und des Ausgeliefertseins gibt es eine ungebrochene Kraft des Lebens in uns Menschen. Und ich wage zu behaupten: Sie ist stärker als der Tod.
Eine ähnliche Erfahrung habe ich vor ca. 2 Wochen mit 41 Jugendlichen beim Besuch des ehemaligen KZ Struthof im Elsaß machen dürfen.
10000 Menschen fanden hier unter grausamen Bedingungen ihren Tod. Sie konnten der perfekt ausgedachten Todesmechanerie mit qualvollen Foltermethoden nicht entkommen. Ihr Tod hat mich tief berührt und betroffen gemacht.
Doch gleichzeitig habe ich auch an die 30000 Überlebenden in diesem Lager gedacht.
Wie haben sie es physisch und psychisch geschafft, dem Tod zu widerstehen?
Woher nahmen sie die Kraft, trotz ihrer eigenen knapp bemessenen Tagesration von Brot noch ein Stück für die Kranken abzugeben, damit auch sie eine geringe Überlebenschance hatten?
Woher nahmen sie den Mut in einem System, das Menschen verachtet und die Menschenwürde mit Füßen tritt, für Menschenwürde und Solidarität einzutreten?
Woher nahmen sie die Liebe mehr auf Beziehungen und gegenseitige Hilfe zu vertrauen, als nur auf den eigenen Vorteil bedacht zu sein?
Und wie werden sie heute fertig mit dem Trauma des allgegenwärtigen Todes, das sie hautnah erlebt haben? Wie können sie heute weiterleben?
Diese beiden Erfahrungen, die ich in der letzten Zeit gemacht habe, brachten mich viel zum Nachdenken und ließen mich zu dem Schluss kommen:
Dieser ungebrochene Lebenswille des Menschen ist nicht rein innerweltlich und menschlich zu erklären. Mir wurde wieder neu bewusst: Gott ist Leben. Er hat seinen unbeugsamen und unsterblichen Keim des Lebens in uns Menschen hineingelegt, der auch im Angesicht des Todes Lebenskräfte entwickeln kann. Gott hat den Tod

besiegt und er lädt uns jeden Tag ein mit ihm den Aufstand des Lebens gegen den Tod zu proben.
Gott lebt! Und er will auch heute als lebendiger und liebender Gott Gestalt annehmen in Menschen, in dir und in mir. Durch uns können ihn auch heute Menschen finden und glauben und hoffen: Das Leben ist letztlich stärker als der Tod.
Wenn dieser Glaube mein Leben bestimmt, werden die Todesschatten unserer Welt und meines ganz persönlichen Lebens das Licht des Ostermorgens nicht auslöschen. Dann wird es für mich und für alle Menschen immer eine Zukunft geben, die Leben heißt.
Folgen wir deshalb den Worten von Alfred Delp, der sagte:
„Lasst uns dem Leben trauen, weil wir es nicht allein zu leben haben, sondern Gott es mit uns lebt!“

2001-07-28

Gedanken auf dem Weg

Vor ein paar Tagen gingen mir bei einem Spaziergang verschiedene Gedanken durch den Kopf. Ich erlebe mich als Frau in der Kirche mitten in einer Umbruchsituation. Einerseits geprägt und gehalten durch die noch bestehenden volkskirchlichen Traditionen und Strukturen und andererseits gemeinsam mit allen Getauften und Gefirmten gerufen zu einem neuen Aufbruch in der Kirche. Denn die alten Konzepte und Muster greifen nicht mehr, die Menschen erwarten nur noch wenig von der Kirche, Glaube und Alltag haben sich auseinander entwickelt. Und doch will die Botschaft vom Reich Gottes auch heute zu den Menschen kommen, und doch haben wir den Auftrag, den Menschen unserer Tage den Glauben als Chance für ein geglücktes und erfülltes Leben nahe zu bringen. Manchmal fällt es mir schwer den sicheren Boden des Gewohnten und Vertrauten zu verlassen, um neue Wege einzuschlagen und auszuprobieren, ohne zu wissen, ob diese Wege weiterführen. Es macht mir Angst, mich alleine vorzuwagen, weil die Gefahr des Scheiterns groß ist, denn niemand hat zur Zeit ein Patentrezept in der Tasche. Beim weiteren Nachdenken ist mir bewusst geworden:

Ich kann die alten, eingefahrenen Gleise erst dann verlassen und neue Wege wagen, wenn ich mich und mein Leben an Jesus Christus und seinem Evangelium festmache, damit ich das Ziel und den Sinn meines Weges nicht aus den Augen verliere.

Darüber hinaus brauche ich Menschen, die mit mir gehen, die mich im Glauben ermutigen, die mich auffangen, wenn der Weg schwer wird, die mit mir Kraft, Mut und Phantasie entwickeln und sich mit mir auf Neues einlassen. Solche kleine geistliche Zellen sind meiner Meinung nach wichtig für unser zukünftiges kirchliches Leben, weil in ihnen Glauben und Alltag zusammengefügt werden, weil der Glaube aus der Privatsphäre und der Anonymität herausgehoben wird, weil sich hier Menschen durch ihre je eigenen Lebens- und Glaubenserfahrungen gegenseitig beschenken und ermutigen, weil ich hier Impulse erhalte für mein persönliches Christsein im Alltag.

Und nicht zuletzt bin ich angewiesen auf den Beistand des Hl. Geistes. Er ist schließlich die erneuernde und lebensspendende Kraft in der Kirche, die Christus uns zugesagt und geschenkt hat. Im Evangelium des morgigen Sonntags ermuntert uns Jesus, immer wieder um diesen Geist zu bitten. Dort heißt es: Wenn nun schon ihr, die ihr böse seid, euren Kindern gebt, was gut ist, wie viel mehr wird der Vater im Himmel den Heiligen Geist denen geben, die ihn bitten. (Lk 11,13)

Vielleicht vertrauen wir in der Kirche immer noch zuviel uns selbst und zu wenig dem Hl. Geist. Doch das kann sich ändern, wenn ich damit anfange.

2002-08-17

Ferien mitten im Alltag

An diesem Wochenende gehen in Rheinland-Pfalz die Ferien zu Ende. Für die Kinder beginnt am Montag die Schule oder der Kindergarten und für viele Erwachsene wieder der Arbeitsalltag. Vereinzelt werden sich Kinder und Erwachsene freuen, dass die Ferien vorbei sind und nun das geregelte Leben wieder beginnt. Doch die meisten werden wehmütig feststellen, wie schnell doch die Ferien vorbei gingen und wie lange es dauert, bis der nächste Urlaub oder die nächsten Ferien kommen.

Wenn Sie auch zur Gruppe derer gehören, die das Ende der Ferien oder des Urlaubs bedauern, hilft Ihnen vielleicht eine neue Sicht des Sonntags darüber hinweg. Jede Woche schenkt uns Gott einen Ferientag mitten im Alltag, den Sonntag. Er lädt uns ein zum Gottesdienst, wo wir bei ihm verweilen dürfen, wo wir Stille finden, um unser Leben zu ordnen, wo wir sein Wort hören als Richtschnur für unseren Alltag, wo er sich selbst verschenkt im Brot des Lebens, um uns Kraft für unseren Weg zu schenken, wo wir Menschen treffen, die mit uns auf dem Weg des Glaubens sind. Jeder Gottesdienst möchte uns neu bewusst machen: „Du bist ein von Gott geliebter Mensch. Du bist jemand in den Augen Gottes. Du bist Gott wichtig und wertvoll. Er kennt dich und weiß um dich. Du bist wichtig an dem Platz, an dem du lebst. Dein Leben hat einen Sinn und eine Zukunft, die nicht Tod, sondern Leben heißt.“ Wenn ich beginne den Sonntagsgottesdienst so zu verstehen, dann ist er wie eine Oase mitten in der Wüste meines Alltags. Dann kann ich dort auftanken und mich erholen für die neue Woche mit den Herausforderungen, die auf mich warten. Darüber hinaus schenkt Gott mir den Sonntag aber auch, um mich auszuruhen, um Zeit mit meiner Familie zu verbringen, um das zu tun, was mir Freude macht, um die Schöpfung in ihrer Schönheit wahrzunehmen, um mich am Leben zu freuen und es mit anderen Menschen zu teilen.

Gott weiß, dass wir Menschen keine Roboter sind. Er weiß, dass wir immer wieder Ferien und Ruhe und ihn und seine Kraft und Liebe brauchen, um leben zu können. Deshalb schenkt er uns jeden Sonntag einen Ferientag mitten im Alltag. An uns liegt es diesen Tag zu bewahren und zu schützen und ihn so zu gestalten, dass er ein Tag des Herrn und der Menschen wird.

2004-06-26

Gott braucht dich!

Vor einigen Wochen besuchte ich eine Veranstaltung, zu der Herr Professor P.Michael Zulehner, Pastoraltheologe in Wien, als Gastredner eingeladen war.
Von den vielen Gedanken, die Herr Professor Zulehner vortrug, ist mir einer ganz besonders in Erinnerung geblieben. Er sagte sinngemäß: „Viele Menschen stellen sich heute immer wieder die Frage: „Wozu brauche ich Gott überhaupt?“ „Was bringt mir dieser Gott für mein Leben?“
Doch für uns als Christen ist dies die falsche Frage. Unsere Frage muss lauten: „Wozu braucht Gott mich!“ „Was hat er mit mir ganz konkret vor?“
Diese Aussage hat mich betroffen und nachdenklich gemacht. Sie macht mir deutlich: „Ich bin für Gott wichtig!“ „Gott glaubt an mich!“ „Gott braucht mich!“ „Er hat mit mir etwas vor!“ „Er traut mir etwas zu!“
Es ist sicher nicht einfach herauszufinden, was Gott mit mir ganz persönlich vorhat und wozu er mich braucht. Aber diese Frage gibt meinem Leben einen tieferen Sinn.
Gott hält mich für würdig, seine Botschaft vom Leben und von der Liebe auf meine ganz persönliche Weise, mit meinem Charme, mit meinen Talenten und Möglichkeiten, in meiner Sprache und mit meinen Gesten weiterzusagen. Er ist es, der mich beauftragt, der mich sendet.
Bereits in meiner Taufe hat er sein Ja zu mir gesprochen und mich mit dem
Hl. Geist ausgerüstet, damit ich fähig werde sein Mitarbeiter, seine Mitarbeiterin beim Aufbau des Reiches Gottes zu sein.
Das ist meine ureigenste christliche Berufung, Zeuge und Zeugin für Gottes liebende Gegenwart in unserer Welt zu sein, sein Reich der Liebe, des Friedens, der Freude, der Wahrheit und der Gerechtigkeit sichtbar, greifbar und spürbar zu machen.
Vielleicht fühlen Sie, fühle ich mich mit diesem Auftrag überfordert. Vielleicht wenden sie jetzt ein: „Was kann ich schon tun? Ich kann nichts Besonderes. Ich bin noch zu jung oder ich bin schon zu alt. Und außerdem habe ich gar keine Zeit. Das können andere doch viel besser als ich!“
In einem Text, den ich gefunden habe, widerspricht Gott den Einwänden eines oder einer unserer Zeitgenossen und sagt:
„Nein, niemand kann es so wie du! Du hast deine ganz persönliche Art, deine eigene Begabung, ganz besondere Fähigkeiten. Ich brauche ***dich!***
Und du brauchst dich nicht allein zu mühen. Mein Geist ist bei dir, das verspreche ich dir! Vertrau auf ihn und öffne dich ihm!“
Diese Zusage Gottes macht mir Mut, mich in meiner christlichen Gemeinde zu engagieren, so wie ich es kann und so wie ich bin.
Und wenn auch Sie sich aufmachen und den Sendungsauftrag Jesu annehmen, kann das afrikanische Sprichwort in unseren christlichen Gemeinden Wirklichkeit werden:
„Wenn viele kleine Leute an vielen kleinen Orten viele kleine Dinge tun, dann wird sich das Antlitz der Erde verändern!“
Und dazu braucht Gott auch ***dich!***

2005-07-02

Freunde fürs Leben

Vielleicht erinnern Sie sich noch an den alten Schlager: „Ein Freund, ein guter Freund, das ist das Beste, was man hat auf der Welt!“ Und wenn nicht, werden Sie mit mir einer Meinung sein, dass an dieser Aussage etwas Wahres dran ist. Freunde und Freundinnen sind wichtig in unserem Leben, unabhängig von unserem Alter. Jeder und jede von uns braucht mindestens einen Menschen, dem er oder sie sagen kann: „Heute geht´s mir gut oder heute hänge ich durch!“

Wir brauchen Menschen, die uns zuhören, die uns verstehen, denen wir etwas anvertrauen können. Wir brauchen Menschen, die auch dann noch zu uns stehen, wenn wir Mist gebaut haben, die dicht halten, mit denen wir Freud und Leid teilen können, die immer für uns da sind, wenn wir sie brauchen. Und es ist gut, wenn Ihnen jetzt konkrete Menschen einfallen, auf die diese Beschreibung zutrifft.

Doch unter uns Menschen menschelt es auch. Wir schaffen es nicht immer zuzuhören. Wir sind manchmal verhindert, wenn andere uns brauchen. Wir sagen schnell einmal ein Wort zuviel und hauen auch schon mal einen in die Pfanne. Wir werden enttäuscht und enttäuschen auch andere. Nobody is perfect! Ich nicht und meine Freunde und Freundinnen auch nicht. Doch zurück bleibt die tiefe Sehnsucht nach dem perfekten Freund oder der perfekten Freundin.

In einer meiner liebsten Bibelstellen im Johannesevangelium, Kapitel 15, Verse 14-17 nennt Jesus uns seine Freunde. Vielleicht haben wir das noch gar nicht richtig verstanden, was er uns da anbietet: Er will der sein, der mit mir durchs Leben geht, dem ich alles anvertrauen kann, der wissen will, wie es mir geht, der mir immer wieder eine Chance des Neuanfangs gibt, wenn ich gescheitert bin, der mich nicht im Stich lässt und der weiß, wie ich mich fühle. Er ist für mich da zu jeder Zeit und an jedem Ort. Ich kann ihn immer anrufen. Bei ihm ertönt nie die Mailbox oder „Kein Anschluss unter dieser Nummer!“

Seine Freundschaft kann ich erfahren, wenn ich mit ihm ins Gespräch komme, wenn ich ihm von meinem Leben erzähle, wenn ich mir Zeit nehme für ihn. Eines ist sicher: Dieser Freund ist perfekt. Er hält alles, was ein Freund oder eine Freundin versprechen. Sein Angebot der Freundschaft steht. Er wartet geduldig auf meine Antwort. Aber er wartet auch darauf, dass wir einander lieben und füreinander treue Freundinnen sind. Denn er sagt in o.g. Bibeltext: „Ihr seid meine Freunde, wenn ihr einander liebt!“

So sind die Freundschaft mit Gott und die echte Freundschaft unter uns Menschen zwei tragende Säulen unseres Lebens. Mit solchen Freunden fürs Leben an unserer Seite, können wir die nächsten Schritte wagen, ist kein Weg zu weit für uns, wie es ein Sprichwort sagt.

2006-09-09

Entdecke Deinen Lebensfaden!

Vor ein paar Tagen ist mir eine bereits bekannte Geschichte in die Hände gefallen, die mich aber aufs Neue nachdenklich gemacht hat. Vielleicht geht es Ihnen beim Lesen auch so.
In dieser Geschichte heißt es:
Eine Spinne fand im warmen Sonnenschein des Herbstes einen guten Platz am Ast eines Baumes. Dieser Ort war gut geeignet, einen kräftigen Faden am Baum anzubinden und sich an diesem herabzulassen. So baute sie dort ihr Netz. Kunstvoll fügte sie von Knoten zu Knoten die Verbindungen. Nach und nach entstand ein Kunstwerk, Kreis um Kreis. Am Ende des Tages schaute die Spinne voller Stolz auf ihr gelungenes Werk, in dem sich die letzten Sonnenstrahlen des Tages verfingen. Ein solch großes und haltbares Netz war ihr noch nie gelungen. „Warum brauche ich noch den Faden, an dem ich mich herabgelassen habe?“ dachte sie. „Dieses Netz ist in sich so schön und groß, da ist der lange Faden überflüssig. Und mit einem kräftigen Biss durchtrennte sie diesen. Sogleich brach das Netz über ihr zusammen, wickelte sich um sie und erstickte sie.
Geht es uns Menschen nicht auch oft so, wie dieser Spinne. Wir suchen einen guten Platz in dieser Welt, um unser Lebensnetz zu bauen. Wir investieren viel an Energie, an geistiger und körperlicher Kraft und viel an Phantasie und Kreativität, damit unser Lebensnetz so wird, wie wir es uns erträumen. Und wenn wir unsere hoch technisierte Welt und unser eigenes Leben anschauen, dann können wir sicher in vielerlei Hinsicht wie die Spinne voller Stolz auf unser gelungenes Werk schauen und uns an unseren menschlichen Errungenschaften freuen.
Doch das traurige Ende dieser Geschichte, die doch so verheißungsvoll begonnen hat, macht mich nachdenklich. Es hilft mir, mich wieder daran zu erinnern, wo meine Lebenskräfte herkommen, danach zu fragen, wo komme ich her und worin liegt das Ziel meines Lebens. Keine Fähigkeit, die ich habe, habe ich mir verdienen oder gar kaufen können. Alle meine Begabungen sind Geschenke Gottes an mich, die ich zwar entfalten und durch regelmäßiges Training fördern kann, die ich mir aber nicht selbst zuzuschreiben habe. Wenn ich mir das klar vor Augen halte, dann darf ich mich zwar an meiner eigenen Leistung freuen, aber mir auch immer bewusst sein, dass ich letztlich mein Leben und meine Fähigkeiten und Möglichkeiten Gott verdanke. Und außer meinen Fähigkeiten hat Gott mir auch die Zusage gegeben, dass mein Leben von ihm gehalten und getragen ist, dass ich niemals allein unterwegs bin, dass er für mich sorgt und sich um mich kümmert, dass er weiß, was ich zum Leben brauche und dass am Ende nicht der Tod, sondern das Leben auf mich wartet. Dieses Wissen hilft mir dankbar zu leben und mir nicht vor lauter Selbstverwirklichung und Selbstvergötterung den eigenen Lebensfaden abzuschneiden. Dieses Wissen gibt mir Kraft und Energie meine geistigen und körperlichen Kräfte zu entfalten und mein Bestes zu geben, aber mich selbst dabei nicht zu überfordern. Dieses Wissen entlastet mich auch, weil ich nicht alles selbst tun muss und vor Gott nicht erst dann gut bin, wenn ich Glanzleistungen erbringe. Er nimmt mich immer wieder so an, wie ich bin, auch mit meinen Schwächen und Fehlern. Ich muss nicht perfekt sein. Aber ich darf mein Bestes tun, damit mein Leben gelingt und ich meinen Beitrag leiste, damit Menschen sich in meinem eigenen Lebensnetz und im Netz der Welt nicht verfangen, sondern frei und geborgen fühlen. Ich wünsche Ihnen und mir, dass wir unseren Lebensfaden schützen, pflegen und nicht aus dem Auge verlieren. Dann wird uns die Puste nicht

ausgehen. Dann können wir voller Zuversicht an unserem Lebensnetz und am Netz der Welt weiterbauen. Dann werden wir noch oft darüber staunen und uns darüber freuen, was wir mit Gottes Hilfe in unserem Leben vollbringen.

2010-07-17

Den Tagen mehr Leben geben

In den letzten Wochen ist mir immer wieder der Satz: „Es geht nicht darum, dem Leben mehr Tage zu geben, sondern den Tagen mehr Leben!“ begegnet. Und dieser Satz hat mich persönlich sehr angesprochen. Bei Recherchen über die Herkunft des Zitates bin ich auf die Krankenschwester, Ärztin und Sozialarbeiterin Cisely Saunders (1918-2005) gestoßen. Sie ist die Begründerin der Hospizbewegung und der Palliativstationen in England.
Cisely Saunders wollte mit diesem Zitat zum Ausdruck bringen: Es geht nicht darum, das Leben eines Menschen um jeden Preis zu verlängern, sondern eher darum, den letzten Tagen ein mehr an Leben zu geben. So bezieht sie diesen Satz auf die letzte Lebensphase eines Menschen. Doch dieser Satz ist auch ein gutes Motto für das ganze Leben.
Wie oft denke ich: „Der Tag ist zu kurz! Die 24 Stunden reichen nicht aus!“ Dann möchte ich dem Leben mehr Tage geben. Vieles verschiebe ich auch gerne auf später: „Wenn ich mal in Rente bin, dann..., wenn die Kinder aus dem Haus sind, dann..., wenn der Urlaub kommt, dann...und vergesse dabei oft jeden Tag so zu leben, dass er lebenswert ist. Auch die Jagd nach den so genannten Lebensstandards, die es um jeden Preis zu erreichen gilt, zielt oft am wirklichen Leben vorbei. Ich lebe nicht, sondern ich werde gelebt.
Wie kann ich es da schaffen, meinen Tagen mehr Leben zu geben?
Die Ferienzeit bietet sich hier als ideales Übungsfeld an. In dieser arbeitsfreien Zeit kann ich mir bewusst Zeit für mich selbst nehmen, auf meine innersten Bedürfnisse und Sehnsüchte achten und sie ins Gespräch bringen. Ich habe Zeit, Dinge zu tun, die mir Freude bereiten. Ich kann wieder staunen über die Schönheiten und Wunder der Natur, ob zu Hause, in den Bergen oder am Meer. Ich kann den Reichtum der vielen Völker und Kulturen als Bereicherung für mein eigenes Leben verstehen lernen. Ich kann mir bewusst werden: Mein Leben ist ein Geschenk, nichts ist selbstverständlich, am wenigsten meine Gesundheit. Ich nehme mir Zeit für ein gutes Gespräch. Ich genieße es, ein gutes Buch zu lesen, am Abend ein Glas Wein mit Freunden zu trinken, den Sonnenauf- oder –untergang oder einen Sternenhimmel zu beobachten, das Rauschen des Meeres zu hören oder den Schatten eines Baumes in der Hitze auszukosten. Ich werde still und nehme die leisen Töne des Lebens auf. In einer Kirche oder einer Kapelle begegne ich Gott, der ja der Quell allen Lebens ist. Und wenn es mir dann gelingt, nur eine Sache, die mir im Urlaub gut getan hat, in meinen Alltag hinüber zu retten, werden meine Tage mehr Leben haben. Je mehr ich mir bewahren kann, desto mehr Leben kann ich meinen Tagen geben. Ich wünsche uns allen, dass es uns in unserer schnelllebigen und hektischen Zeit immer mehr gelingt, den Tagen mehr Leben zu geben. Dann handeln wir ganz im Sinne Jesu, der im Johannesevangelium sagt: „Ich bin gekommen, damit sie das Leben haben und es in Fülle haben.“ (Joh 10,10)

2012-07-28

Wie viele Brote habt Ihr?

Ich staune immer wieder, wie aktuell Bibeltexte sein können. So fasziniert mich seit einiger Zeit der Bericht von der Brotvermehrung nach dem Evangelisten Markus. (Mk 6, 35-43)
In diesem Bibeltext spürt Jesus, dass die Menschen Hunger haben. Und das gilt auch für heute. In vielen Teilen der Welt und zunehmend auch in unserem eigenen Land hungern Menschen nach dem täglichen Brot. In unserer Gesellschaft hungern die Menschen aber auch nach Zuwendung, Ansehen und Anerkennung und nach Liebe und Zärtlichkeit. Der Hunger der Menschen ist nach wie vor sehr groß. Und Jesus sagt den Jüngern damals und damit auch uns heute: „Gebt Ihr ihnen zu essen!“ (Mk 6,37)
Vielleicht fühlen wir uns wie die Jünger damals mit diesem Auftrag überfordert und fragen uns: „Wie soll das gehen? Wir haben nicht genug Zeit! Wir haben nicht genug Geld! Wir haben nicht genug Personal und nicht genug ehrenamtliche Mitarbeiter/innen! Wir können schließlich nicht alles! Wir sind jetzt schon zu bis über beide Ohren! Wir können nicht noch mehr tun!
Doch dann kommt das erlösende Wort Jesu: „Wie viele Brote habt ihr? Geht und seht nach!“ (Mk 6,38)
Jesus will nicht wissen, was alles nicht geht und was uns alles fehlt. Er lenkt den Blick auf das, was da ist. Er fragt mich an: „Was kannst du besonders gut? Was hast du, was du mit anderen teilen kannst? Kannst du eine Atmosphäre schaffen, in der Menschen sich öffnen können? Kannst du gut zuhören? Hast du Humor? Kannst du das Wort Gottes so weiter sagen, dass die Menschen von heute es verstehen? Kannst du gut mit Kindern, mit Jugendlichen, mit behinderten, kranken oder alten Menschen umgehen? Wo liegen deine Stärken? Richte deinen Blick auf das, was da ist und nicht auf das, was fehlt! Denn in dir und in deinen Mitmenschen steckt ein großes Potential!“
Jesus nimmt die Brote und Fische, die da sind. Nicht mehr, aber auch nicht weniger. Er überfordert uns nicht. Er glaubt an uns und an unsere Brote und Fische. Ihm dürfen wir sie bringen. Mit seiner göttlichen Kraft und seinem Segen sorgt er dafür, dass alle satt werden.
Jesus schaut nicht auf den Mangel, sondern auf die Ressourcen, die da sind. Ich glaube dieser Perspektivenwechsel könnte unserer heutigen Gesellschaft und unseren Kirchen gut tun. Schauen wir mehr auf das, was wir haben und nicht so sehr auf das, was uns fehlt. Halten wir das Weinige, das wir bringen, Gott hin, damit er daraus etwas Großes und Großartiges machen kann. Denn er hat mehr Möglichkeiten, als wir denken können. Dann können wir reichlich austeilen an bedürftige Menschen und ihr Hunger nach Leben kann auch in unserer Zeit gestillt werden. Und mehr noch: Wir hätten nicht nur das Nötigste zum Leben, sondern wir könnten alle im Überfluss leben. Denn es blieben schließlich 12 Körbe voll übrig. (Mk 6,43)

2016-08-06

Das Leben- eine Achterbahn!?

Vor einigen Tagen habe ich eine Einladung zu einem Taizégebet erhalten, in der der Gedanke aufgegriffen wurde, dass unser Leben manchmal einer Achterbahn gleicht. Dieser Vergleich hat mich sehr angesprochen, weil ich das Leben in diesen Tagen auch so empfinde und erlebe.
Eine Achterbahn geht steil nach oben und stürzt dann wieder plötzlich in die Tiefe. Es gibt langsame Fahrtabschnitte und dann wieder rasend schnelle. So eine Achterbahn spiegelt uns das Leben, wie es sich uns darbietet mit Höhen, Tiefen und Abgründen, mit Zeiten der Ent- und Beschleunigung. Ich fahre in Urlaub und freue mich des Lebens und eine Klassenkameradin von mir stirbt zur gleichen Zeit an Leukämie und wird in diesen Tagen beerdigt und hinterlässt eine tief trauernde Familie. Menschen promenieren sorglos und unbeschwert am Nationalfeiertag in Frankreich über die Promenade des Anglais in Nizza und plötzlich fährt ein Lkw in die Menge und tötet willkürlich Menschen. In München bummeln Menschen gemütlich durch ein Einkaufszentrum und plötzlich eröffnet ein Amokläufer das Feuer und schießt wild um sich ohne Rücksicht auf Verluste. In einem kleinen Ort in Frankreich treffen sich Christen zum Gottesdienst und müssen erleben, wie der Priester vor ihren Augen hingerichtet wird. Und heute am 6. August jährt sich zum 71. Mal der Tag, an dem die USA eine Atombombe über Hiroshima abwarf. 200000 Menschen starben und unzählige Menschen leiden bis heute an den Folgen der radioaktiven Strahlung. Unsagbares Leid brach innerhalb von Sekunden und Minuten ein in ein ganzes Volk.
Viele Menschen genießen in diesen sommerlichen Tagen ihren Urlaub, ruhen sich aus, entdecken andere Länder, finden zu sich selbst und versuchen ihr manchmal hektisches Leben in der freien Zeit zu entschleunigen und andere finden auch in dieser Zeit keine Ruhe, weil sie auch die freie Zeit vollkommen durchgeplant haben. Einen Tag geht es mir gut und am nächsten Tag bricht mein Leben zusammen wie ein Kartenhaus. Das Leben, mein Leben – eine Achterbahn!?
Als Christin frag ich mich: Wo ist Gott auf dieser Achterbahn des Lebens?
Nach einer Zeit des Nachdenkens kam mir der Gedanke: Gott ist der Wagen, der mich in der Spur hält. Wie in der Achterbahn trete ich die Fahrt meines Lebens an in dem Bewusstsein, dass ich in einem Wagen sitze, der mir Sicherheit gibt, der mich hält, wenn ich zu fallen drohe, der mich auffängt, wenn ich das Gefühl habe, in einen Abgrund zu stürzen. Gott ist in allen Gegensätzen meines Lebens gegenwärtig, in den Höhen und Tiefen des Lebens. Er freut sich mit mir und er leidet mit mir. Durch Jesu Kreuz und Auferstehung gibt er mir die Hoffnung, dass selbst mein Leben am Nullpunkt, den Keim neuen Lebens in sich trägt. Denn die Mitte der Nacht ist der Anfang eines neuen Tages, wie es in einem neuen geistlichen Lied heißt. Viele Menschen vertrauen sich mit Freude und Vergnügen dem Wagen in der Achterbahn an, der sie sicher zum Ziel bringen wird. Es wäre gut, wenn wir auch mit der gleichen Freude und Zuversicht und mit dem gleichen Vertrauen in die Achterbahn unseres Lebens einsteigen könnten, in dem Bewusstsein: Ich kann mit dir, o Gott, mein Leben wagen, weil du das Leben bist und uns in unserem risikoreichen Leben in der Spur hältst bis wir unser Ziel, das ewige Leben erreicht haben.

2018-08-25

Was ist das Wichtigste im Leben?

Im Urlaub fragte ein Lehrer, der mit Jugendlichen in Assisi war, Sr. Leonarda: „Schwester Leonarda, was würden Sie sagen, ist das Wichtigste im Leben?“ Schwester Leonarda stutzte und sagte: „Das kann ich so schnell nicht beantworten, da muss ich zuerst mal drüber nachdenken!“ Diese Frage hat uns eine Zeit lang beschäftigt: „Was ist das Wichtigste im Leben?“ Und Hand auf´s Herz! Könnten Sie diese Frage auf Anhieb beantworten?
Nach längerem Nachdenken kamen wir beide zu der Überzeugung: „Das Wichtigste im Leben sind liebevolle und heilsame Beziehungen“. Denn der Wohnzimmerschrank, das Auto und andere Luxusgüter sprechen nicht mit mir, lachen und weinen nicht mit mir. Ich brauche ein Du, ein Gegenüber, damit ich Mensch sein und werden kann. Und das bestätigt mir auch mein christlicher Glaube. Denn ich glaube an einen dreifaltigen Gott, dessen Wesen die Liebe ist. Gott Vater, Gott Sohn und der hl. Geist leben in einer vollkommen heilen Liebesbeziehung. Und dieser Gott, der die Liebe ist, hat mich, Mensch, als sein Ebenbild, als Beziehungswesen geschaffen und nicht fürs Alleinsein gemacht.
Ich kann in Beziehung treten zu mir selbst, kann über mich nachdenken, in mich hinein horchen, kann meine Gefühle und Gedanken wahrnehmen und darauf reagieren.

Ich kann in Beziehung leben mit meinen Mitmenschen. Sie helfen mir, zu wachsen und zu reifen. Und es ist doch wunderbar, wenn Eheleute sich gut verstehen, wenn jemand da ist, der mich versteht, der mir zuhört, der mich in den Arm nimmt, der mit mir durch Dick und Dünn geht. Und wie gut tut es erst, wenn ich auch dann noch willkommen bin, wenn ich Mist gebaut habe und schuldig geworden bin. Es ist beruhigend zu wissen: Da wartet jemand auf mich. Ich habe einen Menschen, der sich in Krankheit und Not um mich kümmert. Ich kann bei meiner Freundin mein Herz ausschütten und werde getröstet.
Doch gute und lebendige Beziehungen fallen nicht vom Himmel. Sie brauchen Sorgfalt, Pflege und Zeit.

Und schließlich kann ich auch in Beziehung mit Gott leben. Er hat mich aus Liebe erschaffen und will in Beziehung mit mir leben.
Er hat mir in Jesus gezeigt, dass diese Beziehung über den Tod hinaus trägt. Die Freude und das Leid, der Erfolg und der Misserfolg, das Gelingen und das Scheitern, gesund sein oder krank sein, arm oder reich sein, sie haben in der Beziehung zu Gott einen Platz. In allen Lebenssituationen bin ich ein von Gott geliebter Mensch. Er steht zu mir, auch dann noch, wenn alle sich aus dem Staub machen. Dieser Gott ist treu. Ich kann mich ihm immer und überall zuwenden. Und er wendet sich mir jeden Tag neu liebevoll zu. Das entlastet mich und gibt mir Kraft.
Ganz gleich wie Sie die Eingangsfrage nach dem Wichtigsten in ihrem Leben beantworten mögen. Mir ist jedenfalls beim Nachdenken darüber klar geworden: Das Wichtigste in meinem Leben kann ich mir nicht kaufen und auch nicht durch eigene Leistung und Anstrengung erwerben. Das Wichtigste in meinem Leben kann ich mir nur schenken lassen in lebendigen, liebevollen und heilsamen Beziehungen zu mir selbst, zu meinen Mitmenschen und zu Gott. Und ich werde überrascht sein, über das, was alles in meinem Leben möglich wird.

Herbst

2008-10-11

Stille Zeit – Verlorene Zeit?!

Unter diesem Thema lädt die franziskanische Gruppe „Tautropfen“ an diesem Sonntag zu ihrem alljährlichen Franziskusfest ein. Stille und stille Zeiten haben in unserem oft so hektischen, geräuschvollen und schnelllebigen Alltag kaum noch Platz. Manche Menschen haben sogar Angst vor der Stille. Doch viele von uns tragen auch eine tiefe Sehnsucht nach Ruhe und Stille in ihrem Herzen. Oft gönnen wir uns selbst keine Ruhe. Jesus ist da anders. Er lädt uns immer wieder ein: „Kommt alle zu mir, die ihr euch plagt und schwere Lasten zu tragen habt, ich werde euch Ruhe verschaffen.“ (Mt 11,28) oder „Kommt mit an einen einsamen Ort, wo wir allein sind, und ruht ein wenig aus.“ (Mk 6,31)
Jesus gönnt uns also die Ruhe, die Verschnaufpause, die Zeit zum Durchatmen. Franziskus ist in seinem Leben immer wieder dieser Einladung Jesu gefolgt. Er hat sich oft in Einsiedeleien zurückgezogen, um Auszuruhen und neue Kraft zu schöpfen, um wichtige Entscheidungen zu treffen, um Enttäuschungen zu verarbeiten, um sich neu zu orientieren, um einen neuen Blick auf die Menschen, die Schöpfung und die Welt zu bekommen oder sich auf ein kirchliches Fest vorzubereiten. An diesen einsamen Orten hat er ganz wesentliche und tiefe Erfahrungen mit Gott und mit sich selbst gemacht, die ihn befähigt haben, sich für die Menschen seiner Zeit, besonders die Armen zu engagieren, den Frieden im Herzen zu haben und über die Grenzen von Nationalität und Religion hinaus, alle Menschen als seine Brüder und Schwestern anzunehmen.
Auch ich selbst habe schon oft erfahren, dass mir stille Zeiten in meinem Alltag gut tun. Stille Zeit ist keine verlorene Zeit. Sie ist vielmehr notwendig, damit wir Kraft schöpfen und unser Leben meistern können, damit wir selbst leben und nicht gelebt werden.
In der Stille kann ich Gott und mir selbst begegnen und wichtige Erfahrungen machen, die mich im Leben weiterbringen. In der Stille kann ich durchatmen, meine Gedanken ziehen lassen. Und in der Stille werde ich leer und offen für Gott und seine Botschaft.
Jesus und Franziskus wussten es: „Die Tür zum Leben tut sich in der Stille auf!“
Auch für uns!? Probieren wir es aus!

2014-10-04

Franz von Assisi – eine bleibende Herausforderung

Heute am 4. Oktober feiert die Kirche das Fest des Hl. Franziskus, dem ich auch diesen Fixpunkt widmen möchte. Ein Heiliger, der jedes Jahr 5 Millionen Menschen aus allen Ländern der Erde in seine Heimatstadt Assisi führt, der von der New York Times anlässlich der Jahrtausendwende zum Mann des Jahrtausends gewählt wurde, der den neuen Papst bewegte, seinen Namen anzunehmen.
Er wurde 1181/82 in die mittelalterliche Welt Umbriens hineingeboren, in der Städte neu entstanden und ein selbstbewusstes Bürgertum den Adel entmachtete. In eine Welt, geprägt von ungeahnter Freiheit und blühendem Handel, von Reisefreude und Bildungsdurst, vom Bau prächtiger Wohntürme und ausgelassener Feste, vom Reiz der Mode und vom prallen städtischen Leben. Eine Welt, die aber auch in hartem Kontrast zu sozialer Armut, grausamen Kriegen und einer lebensfernen Kirche stand. Das war die Welt des Franz von Assisi bis ihn ein Gefängnisaufenthalt und eine psychische Erkrankung in eine Krise führten. Der junge Luxuskaufmann sucht etliche Jahre nach dem tieferen Sinn des Lebens. Nicht im Zentrum, sondern am Rande der Stadt findet er bei den Aussätzigen und vor dem Kreuz einer kleinen verfallenen Kirche zu einem befreienden Glauben, der ihn die Welt und die Menschen mit geschwisterlichen Augen sehen lehrt und sein Leben radikal verändert. Fortan nannte er sich schlicht „armer kleiner Bruder". Es wird ihm klar, dass nicht Reichtum, Waffen und Kreuzzüge, sondern das Vertrauen auf Gott und in jeden Menschen letztlich Hass und Gewalt in der Welt überwinden können. Schon damals setzte er auf die Macht des Dialoges. Als der Papst zum Kreuzzug aufrief, machte sich Franziskus in friedlicher Absicht auf ins Heerlager des Sultans Malik al Kamil, um mit ihm zu reden. Und diese Begegnung mündete schließlich in eine Freundschaft. Deshalb trafen sich 1986 und 2002 Vertreterinnen und Vertreter aller Welt- und einiger Naturreligionen in Assisi, um gemeinsam für den Frieden zu beten. Assisi ist ein Ort, der den Geist des Franziskus auch heute noch atmet. Im Jahr 1208 schließen sich Franziskus Gefährten an. Sie setzen sich gemeinsam für die Armen ihrer Zeit ein und leben solidarisch mit ihnen, sie sind Botschafter des Friedens und einer menschlichen Gesellschaft, sie begreifen sich demütig als Teil der Schöpfung und nennen alle Geschöpfe ihre Brüder und Schwestern, sie beginnen die Kirche von unten zu erneuern, aber weniger durch lautstarke Kritik sondern vielmehr durch ihr glaubwürdiges Lebensbeispiel. Franziskus und seine Brüder führen ein Leben nach dem Evangelium in der radikalen Nachfolge des armen Jesus. Zu seinen Lebzeiten waren es bereits über 5000 Brüder, die die Botschaft in alle Welt trugen. Für mich ist Franziskus mehr als ein Name. Er ist vielmehr ein Lebensprogramm, das Menschen aus aller Welt fasziniert. Er ist eine bleibende Herausforderung für die Kirche und Welt von heute und auch für mich ganz persönlich.

2020-09-26

Was hast du aus deinem Leben gemacht?

Vor zwei Wochen habe ich in Beilstein an einem Abendlob teilgenommen, das dieser Frage nachging. Seitdem lässt sie mich nicht mehr los. Ausgangspunkt war ein Zitat aus Zuckmayers: „Hauptmann von Köpenick“. Der gelernte Wilhelm Voigt wohnt nach wiederholten Gefängnisaufenthalten bei seiner Schwester. Nach der Beerdigung von Lieschen, die auch im Haushalt lebte, kommt er zurück und hält im Gespräch mit seinem Schwager Rückschau auf sein in seinen Augen vertanes Leben. Er sagt: "Vorhin, uff'm Friedhof, da hab' ick se jehört, die innere Stimme ... Mensch, hat se jesagt, einmal kneift jeder 'n Arsch zu - du auch, hat se jesagt, und dann stehste vor Jott dem Vater, der alles jeweckt hat, un der fragt dir ins Jesichte:
Schuster Willem Voigt, wat haste jemacht mit dein' Leben, un dann muss ick sagen: Fußmatte ...Fußmatte, muss ick sagen, die hab ickjeflochen in Gefängnis, un da sind se alle drauf rumjetrampelt
und Gott der Vater sagt zu mir: Jeh weg, sagt er, Ausweisung, sagt er, detwegen hab ick dir det Leben nichjeschenkt, det biste m'r schuldig, sagt er, wo isset? Wat haste 'mit jemacht?
...Un denn, Friedrich, denn isset wieder nischt mit de Aufenthaltserlaubnis..."

Voigt möchte nicht wie so oft im Leben wieder abgewiesen werden und meint wohl, dazu "Leistung" bringen zu müssen. Er ist der festen Überzeugung, dass er das vom preußischen Drill geprägte Menschenbild: „Wenn du nichts leistet, bist du nichts wert!“ auch bei Gott vorfindet. Er glaubt, dass sein Leben in den Augen Gottes gescheitert ist und er schließlich auch von Gott abgewiesen wird.

Dieses Denken hat bis heute nicht aufgehört. Viele Menschen glauben, nur dann geliebt zu werden, wenn sie etwas geleistet haben. Deshalb streben sie danach, Karriere zu machen, Erfolge zu feiern, etwas vorweisen zu können, den konventionellen Standards zu entsprechen, Ansehen und Anerkennung zu erwerben. Doch habe ich nur dann aus meinem Leben etwas gemacht, wenn mir das gelingt? Ist die Leistung, die ich erbringe wirklich das einzige Kriterium für ein gelungenes Leben? Ich glaube nicht. Noch bevor ich irgendetwas leisten konnte, ja bereits im Mutterschoß, hat Gott sein unwiderrufliches „Ja“ zu mir gesprochen. Er sagt: „ Es ist gut, dass es dich gibt! Ich liebe Dich so wie du bist mit deinen Talenten und Stärken aber auch trotz deiner Fehler und Schwächen. Ich nehme dich so an wie du bist. Denn du bist mein Kind. Du bist mir teuer und wertvoll und diese Würde kann dir nichts und niemand zerstören. Du kannst immer zu mir zurückkehren. Bei mir hast du immer eine neue Chance.“ Gott hat mir mein Leben geschenkt und er erwartet zunächst nur, dass ich es aus seiner Hand annehme, dass ich es bejahen kann und dass ich mich selbst annehmen kann wie ich bin, mit allem, was zu mir gehört. Und wie schwer fällt mir das oft, mich selbst so anzunehmen wie ich bin. Wer das kann ist bereits ein kleiner Lebenskünstler. Wer es schafft daran zu glauben, von Gott geliebt zu sein und sich selbst zu lieben, der hat bereits etwas aus seinem Leben gemacht. Wer aus dieser Erkenntnis heraus auch seinem Mitmenschen Respekt zollt, ihn zu verstehen versucht, ihm in Liebe begegnet, ihm ein Ansehen gibt und gut mit ihm umgeht, der hat auch etwas aus seinem Leben gemacht. Und wenn ich dann noch meine Talente ins Spiel der Gesellschaft einbringe, um sie zu bereichern und um mein Leben sinnvoll zu gestalten durch meine Arbeit und meine Leistung und sei es auch nur durch das Flechten von Fußmatten, dann habe ich etwas aus meinem Leben gemacht. Denn nach dem Gleichnis von den Talenten kann jeder etwas und wenn es auch noch so wenig ist. Und daraus sollte er oder sie etwas machen. Wenn wir in diesen Tagen überall in unsren Kirchen Erntedank feiern, gehört außer dem Dank sagen für die Gaben der Schöpfung auch dazu mal darüber nachzudenken: „Mensch, was hast du aus deinem Leben gemacht?“ Und hoffentlich können wir dann dankbar auf die Früchte unserer menschlichen Arbeit und auf das Geschenk unseres Lebens schauen. Vielleicht kommen wir dann im Gegensatz zu Willem Voigt zu der Erkenntnis: Weil wir von Gott gewollt und geliebt sind, wird er uns nie abweisen, wenn wir zu ihm kommen. Bei ihm haben wir eine gültige, überlebenslange Aufenthaltserlaubnis.

Novembergedanken

Die Tage werden kürzer und die Nächte länger. Viele Blätter der Bäume sind bereits gefallen, die Rebstöcke und die Gärten sind weitgehend abgeerntet. Die Tage Allerheiligen, Allerseelen und der Totensonntag erinnern uns an unsere Verstorbenen und lassen uns auch über den eigenen Tod nachdenken. An diesem Sonntag feiern wir den Volkstrauertag, der uns an die Gefallenen, die Grausamkeiten und unzähligen Opfer der beiden Weltkriege denken lässt und uns die Sinnlosigkeit eines Krieges noch einmal vor Augen führt. Dieser Tag mahnt uns, soweit es an uns liegt für Frieden und Gerechtigkeit einzutreten.
Im November werden wir immer wieder mit der Vergänglichkeit in der Natur, aber auch mit unserer eigenen Vergänglichkeit konfrontiert. Es wird uns wieder neu bewusst: Wir können den Tod nicht beiseite schieben oder in die Krankenhäuser und Altenheime verbannen. Er ist gegenwärtig, er meldet sich immer wieder zu Wort. Er kommt nicht planmäßig, sondern oft sehr willkürlich und unaufhaltsam auf jeden und jede von uns zu. So werden wird im November immer wieder auf die Frage nach dem Sinn unseres Lebens zurück geworfen. Wir fragen wieder neu nach dem Woher? und Wohin? Und diese Frage sucht nach einer Antwort.
Die Antwort versuche ich zur Zeit in der Natur, in der biblischen Botschaft und in den christlichen Ritualen zu finden. Wenn die Sonne auf die goldgelben Blätter der Bäume scheint, dann künden sie nicht vom Tod, sondern vom Leben. Wenn jetzt schon an den kahlen Pfirsichbäumen die neuen kleinen Knospen sichtbar sind, dann sagen sie mir: das Leben setzt sich durch gegen den Tod. Ich darf auf einen neuen Frühling hoffen. Auch die Blumen, die Gestecke und Kerzen auf den Gräbern künden von der Hoffnung auf ein lichtvolles, blühendes und bleibendes Leben, das auf uns in der Ewigkeit wartet. Schließlich sagt mir die biblische Botschaft: Ich bin nicht ohnmächtig hinausgeworfen in eine vom Tod gezeichnete und geprägte Welt. Ich bin kein Es und kein Fall. Ich bin ein von Gott geliebter Mensch. Und dieser Gott will mein Leben. Er ist der Herr über Leben und Tod. Er verbindet die Toten mit den Lebenden. Er schenkt uns eine neue Zukunft und eine neue Hoffnung in der Auferstehung seines Sohnes Jesus Christus. Für den der glaubt, ist der Tod bereits das Tor zum neuen und ewigen Leben. Ich darf wissen: Ich muss den Weg der Vergänglichkeit meines irdischen Lebens nicht alleine gehen. Mein Gott geht alle Wege mit. Auch da, wo kein Mensch mehr mitgehen kann, ist er da und nimmt mich an der Hand. Ich falle im Tod nicht ins Nichts, sondern in seine liebenden Hände. Solche Beobachtungen, Gedanken, Symbole und Verheißungen helfen mir in diesen Novembertagen und ich hoffe darauf, dass sie auch helfen in den Novembernebeln und – tagen meines eigenen Lebens.

Advent

2007-12-08

Das Adventsgesicht der Christen

Beim Vorbereiten von Gottesdiensten und Feiern für die Adventszeit fiel mir dieser Tage folgende Geschichte in die Hände:
„Bitte warten Sie hier!“ sagte ich zu dem Blinden und ließ ihn an einer verkehrsgeschützten Ecke des Großstadtbahnhofs allein. Ich wollte ihm das Gewühl ersparen auf dem Wege zum Schalter, zur Auskunft, zur Fahrplantafel und zur Post. Zurückkehrend sah ich ihn schon von weitem stehen, während die Menschen an ihm vorbeihetzten, ein Kind ihn anstarrte, ein Gepäckkarren einen Bogen um ihn fuhr und ein Zeitungsverkäufer nach einem irrtümlichen und vergeblichen Angebot fast scheu wieder von ihm weg ging. Er stand ganz still, der Blinde, und auch ich musste ein paar Augenblicke stehen bleiben. Ich musste sein Gesicht ansehen. Die Schritte um ihn her und die unbekannten Stimmen und all die Geräusche eines lebhaften Verkehrs, die schienen für ihn keine Bedeutung zu haben. Er wartete. Es war ein ganz geduldiges, vertrauendes und gesammeltes Warten. Es war kein Zweifel auf dem Gesicht, dass ich etwa nicht wiederkommen könnte. Es war ein wunderbarer Schein der Vorfreude darin; er würde bestimmt wieder bei der Hand genommen werden. Ich kam nur langsam los vom Augenblick dieses eindrucksvoll wartenden Gesichtes mit den geschlossenen Lidern; dann wusste ich auf einmal: So müsste eigentlich das Adventsgesicht der Christen aussehen!“
Diese Geschichte macht mich nachdenklich. Sie lässt mich fragen: Wie sieht mein Adventsgesicht aus? Wie bereite ich mich auf das Kommen Gottes in dieser Adventszeit vor? Kann ich noch still werden und warten? Glaube ich daran und rechne ich fest damit, dass Gott auch auf mich zukommt mitten in meinem Alltag? Erwarte und suche ich ihn auch in den menschlichen Begegnungen, in den Ereignissen des Tages, in der Stille, im Gebet und im Gottesdienst?
Diese Geschichte macht mir aber auch Mut. Ich darf mich auf das Kommen Gottes in diese Welt an Weihnachten, mitten in meinem Alltag und am Ende meiner Tage freuen. Ich muss keine Angst davor haben. Denn es ist der Immanuel, der Gott-mit-uns, der da auf uns Menschen zukommt und uns begegnen will. Er kommt, um sein „Ja“ zu uns zu sprechen, uns zu retten und zu heilen, uns an der Hand zu nehmen, uns zu begleiten durch die Höhen und Tiefen unseres Lebens und uns den Himmel zu öffnen.
Und schließlich wird mir in dieser Geschichte deutlich: Advent ist mehr als
3 – 4 Wochen im Kirchenjahr, Advent ist eine Lebenseinstellung und Lebenshaltung, die ich pflegen muss wie mein Gesicht.

2015-12-12

Wer weiß, wozu es gut ist

In den letzten Tagen ist mir eine Geschichte in die Hände gefallen, die auf den ersten Blick gar nicht adventlich klingt, aber auf den zweiten Blick adventlich ist. Es ist eine Geschichte aus China, die von einem Bauern erzählt, dem einmal sein Pferd entlief. Die Nachbarn bedauerten ihn; der Bauer aber nahm´s gelassen und sagte: Wer weiß, wozu es gut ist.
Als nach einer Woche das Pferd inmitten einer Herde von Wildpferden zurückkehrte, beneideten ihn die Dorfbewohner um sein Glück. Er aber nahm auch dies gelassen zur Kenntnis.
Kurze Zeit später begann der Sohn des Bauern, die Wildpferde zu zähmen. Dabei fiel er vom Pferd und brach sich ein Bein. Alle hatten Mitleid mit ihm. Der Bauer aber sagte: Wer weiß, wozu es gut ist?
Als bald darauf Soldaten ins Dorf einzogen und alle wehrtüchtigen Männer in den Krieg mitnahmen, ließen sie den Bauernsohn mit seinem gebrochenen Bein zurück.
Diese Geschichte macht uns deutlich: Gott kommt im Advent auf mich persönlich zu. Er will bei mir ankommen. Auf welche Weise er zu mir kommt, weiß ich im Vorhinein nicht. Wenn ich Ihn in diesem Advent herzlich aufnehmen und empfangen möchte, heißt das:offen zu werden für Situationen, die mir querkommen. Es bedeutet, an Gottes Wirken und an seine Liebe zu glauben, auch wenn ich ihn und die Umstände meines Lebens nicht verstehe, wenn meine Sehnsucht nach einem harmonischen, besinnlichen und gemütlichen Advent durchkreuzt wird. Denn Gott weiß, was für mich gut ist. Ich kann es oft nicht wissen wie die Nachbarn in der Geschichte, weil ich irdische Maßstäbe anlege und aus der jeweiligen Situation heraus urteile. Ich meine, Gesundheit sei auf jeden Fall besser als Krankheit, Erfolg besser als Misserfolg, Reichtum besser als Armut. Aber können nicht gerade schwierige Situationen mich reifen lassen, mich Mensch werden lassen, mich zum Wesentlichen vorstoßen lassen und mein Herz weiten für Gott und die Menschen?
Ich weiß nicht immer, was für mich gut ist. Aber ich darf darauf vertrauen: Gott weiß, wozu das Leichte und das Schwere in meinem Leben gut sind. In diesem Sinne wünsche ich Ihnen allen eine gesegnete und spannende zweite Hälfte des Advents.

2017-12-02

Wachet auf!

Dieser Weckruf Gottes an uns prägt die biblischen Texte des ersten Adventssonntags. Wachet auf! Gott ist im Kommen und das in dreifacher Weise. Er kommt an Weihnachten bei uns an im Kind in der Krippe, er kommt ganz sicher am Ende der Zeiten, um diese Welt zu vollenden und er kommt täglich in unser Leben. Diese drei Dimensionen des Kommen Gottes in unsere konkrete Welt prägen die Adventszeit. Und damit geht es um mehr als um Kerzenschein und Gemütlichkeit. Es geht vielmehr darum, wachsam und offen zu sein für das Kommen Gottes in mein konkretes Leben, in meinen Alltag. Denn hier will er schließlich ankommen: In meinem Leben und in meinem Herzen.

Eine Frau hatte sich deshalb im letzten Jahr vorgenommen: Ich möchte in der Adventszeit offen und wachsam sein für das Kommen Gottes mitten in meinem Alltag. Ich erwarte ihn jeden Tag und ich will ihm die Tür öffnen, wenn er kommt. Und sie war erstaunt und überrascht, wo er ihr überall begegnete. Sie erkannte Gott in den Menschen, die ihr ihr Leid klagten, die sich in ausweglosen Situationen befanden und hörte ihnen zu. Sie begegnete ihm in einem guten Gespräch mit ihrer Freundin. Sie spürte seine Nähe und seine Kraft als ihre Mutter ein paar Tage vor Weihnachten noch ins Krankenhaus musste, aber am Tag vor Heiligabend GOTT SEI DANK wieder entlassen werden konnte. Sie spürte seine Liebe und seine Wärme beim Anblick einer brennenden Kerze. Sie sah ihn in den Gesichtern der Obdachlosen in der Stadt und in den von Hunger, Krieg und Terror bedrohten Menschen in aller Welt. Sie spürte das Leben und die Freiheit, die er schenkt bei einem Spaziergang an der frischen Luft. Sie nahm auch die kleinen Dinge wahr: die letzten Blüten am Weg, das Lächeln eines Kindes, den freundlichen Gruß des Nachbarn und das gute Wort eines Freundes. Er begegnete ihr auch in einem guten Text in ihrem Adventkalender. Diese Frau hat es erfahren: Er ist da! Mitten in meinem Leben. Solche Erfahrungen wünsche ich Ihnen und mir auch in diesem Advent 2017.

2019-12-07

Rein ins Abenteuer!

So lautete die Überschrift einer Adventfeier für Frauen in einem Materialheft. Dieser Titel hat mich persönlich angesprochen. Sie werden sich vielleicht jetzt fragen: Was hat das mit Advent zu tun? Doch beim näheren Hinschauen wird klar: Advent und das englische Wort für Abenteuer: „Adventure“ haben die gleiche sprachliche Wurzel im lateinischen Wort: „Advenire“ und das heißt: „Ankommen“. Und ist es nicht immer spannend in unserem Leben, wenn wir auf jemanden warten, der ankommen soll? Eigentlich ist jede Begegnung ein Abenteuer. Wir wissen am Anfang nämlich nicht, wie sie sein wird, was sie in uns auslöst, wie sie uns vielleicht verändert, ob uns gar Gott darin begegnet? Und so ist auch der Advent ein Abenteuer. Wir wissen: Gott kommt. Er hat seine Ankunft angesagt: an Weihnachten, am Ende der Tage und an jedem Tag unseres alltäglichen Lebens. So ist der Advent nicht nur auf 4 Wochen im Jahr beschränkt, sondern wird zu einer Lebenshaltung. Es geht darum, wach zu sein und auf Gottes Kommen zu warten, immer bereit zu sein, Gott zu begegnen. Und das abenteuerliche und spannende dabei ist, dass wir nicht so genau wissen, wann, wo und wie er uns begegnen wird. Vielleicht in einem Menschen, in einem Ereignis, im Gebet, in einem Brief, in der Stille, in der Natur, in einem Kaufhaus, auf einem Weihnachtsmarkt, während einer Adventfeier, am Bahnhof, bei9m Plätzchen backen, in seinem Wort, in der Gestalt des Brotes, in der Krippe, am Arbeitsplatz, in der Familie oder im Bekanntenkreis. Gott will bei jedem und jeder von uns ganz persönlich ankommen. Nutzen wir die noch verbleibende Adventszeit dazu, wach und bereit zu sein für das Kommen Gottes in mein und ihr ganz persönliches Leben. Die Begegnung mit ihm wird bei jedem und jeder von uns anders sein. Wenn wir uns wirklich darauf einlassen, Gott in dieser Adventszeit zu begegnen, dann wird die Adventszeit garantiert nicht langweilig. Sie ist spannend und abenteuerlich. Deshalb lade ich Sie und mich heute dazu ein: Rein ins Abenteuer!

Weihnachtszeit

1998-12-24

Wortwechsel

Tagtäglich werden auf der ganzen Welt unzählige Worte gewechselt in allen möglichen Sprachen. Und gerade jetzt zur Weihnachtszeit werden sehr viele Worte geschrieben oder zugesagt in Kartengrüßen und guten Wünschen zum Fest. Worte sind uns also vertraut. Wir gehen täglich damit um, ohne uns viel dabei zu denken. Und doch haben Worte sehr viel Macht in unserem Leben:
Ein gutes Wort kann heilen, aufbauen, Mut machen und sehr hilfreich sein. Dagegen kann ein hartes und scharfes Wort verletzen, mutlos machen und Hoffnungen zerstören. Manche Worte können auch erschlagen. Andere bringen uns zum Nachdenken, verändern uns und setzen uns gar in Bewegung. Worte werden gesprochen und wieder zurückgenommen, sie täuschen und sind oft verführerisch. Wir geben einander unser Ehrenwort.
Wenn wir sagen: „Es ist Weihnacht!“, dann sagen wir auch gleichzeitig: Gott hat sein letztes, sein schönstes Wort in die Welt hineingesagt. Ein Wort, das nicht täuscht und verletzt. Ein Wort, das nicht mehr rückgängig gemacht werden kann, weil es Gottes endgültige Tat, weil es Gott selbst in der Welt ist. Das Kind in der Krippe ist das sprechendste und unwiderrufliche Wort Gottes an uns. Und dieses Wort heißt: „Ich liebe Dich, Du Welt und Du Mensch!“
Am ersten Weihnachtsfeiertag werden wir es erneut im Evangelium hören:
„Und das Wort ist Fleisch geworden und hat unter uns gewohnt!“ Gottes Wort ist sichtbar und greifbar geworden im Kind von Betlehem. Es hat Hand und Fuß und ein Gesicht bekommen. Gott selbst wird Mensch, einer von uns, damit wir seine Liebe zu uns mit Händen greifen können und von Mensch zu Mensch erfahren und spüren dürfen. Und das Wort will auch an Weihnachten 1998 Fleisch werden. Gottes Wort der Liebe will in uns Gestalt annehmen und lebendig werden. Es will durch uns heute ein Gesicht und Hand und Fuß bekommen. Wer sich in diesen weihnachtlichen Tagen vom menschgewordenen Wort Gottes, dem göttlichen Kind in der Krippe ansprechen läßt, wer sein Wort der Liebe in sich aufnimmt, verändert sich, bei dem bleibt nicht alles beim alten. Gottes Wort der Liebe bringt Menschen in Bewegung, führt Menschen immer wieder neu zueinander und zu Gott. So war es schon in der Hl. Nacht in Betlehem bei Maria und Josef, bei den Hirten, bei den Engeln und den drei Weisen aus dem Morgenland.
Lassen wir uns an Weihnachten wieder in unseren Tiefenschichten erreichen vom fleischgewordenen Wort Gottes in der Krippe, das zu uns spricht: „Ich liebe dich, du Welt und du Mensch!“ Sagen wir diese gute Botschaft durch Worte und Taten weiter an alle Menschen, die uns begegnen und uns begleiten. Und das nicht nur zur Weihnachtszeit!
In diesem Sinne wünsche ich allen Lesern ein frohes und gesegnetes Weihnachten 1998!

2003-12-27

Gott gibt seiner Liebe ein Gesicht

Mitte Dezember bin ich von einer Fortbildung zurück gekommen. Seitdem gehen mir die Gesichter von einzelnen Personen einfach nicht mehr aus dem Kopf. Ihre Gesichter erzählen mir ihre Lebensgeschichten von Freude und Leid, von Trauer und Hoffnung, von Angst und Glauben, von Streit und der Sehnsucht nach Versöhnung und Frieden. Und ihre Gesichter senden bis zum heutigen Tag Botschaften aus, wie z. B. „Du bist herzlich willkommen! Mit dir habe ich gern zu tun! Ich nehme dich an, so wie du bist! Es ist gut, dass du da bist!"
Doch am Anfang der Tage standen auch bange Fragen in den Gesichtern: „Hoffentlich werde ich so angenommen, wie ich bin? Hoffentlich ist da jemand, der sich um mich kümmert, der mich ernst nimmt in dieser Runde? Hoffentlich komme ich mit? Hoffentlich kann ich mich einbringen? Zu wem finde ich Zugang in dieser Gruppe?"
Und während ich mich noch gerne an diese Kurswoche zurück erinnere, ist mir etwas von der Weihnachtsbotschaft aufgegangen. Mir ist klar geworden, dass Weihnachten mehr ist als zwei Feiertage und mehr ist als die dafür reservierte Zeit im liturgischen Kalender. An diesem Fest zeigt Gott mir sein Gesicht im hilflosen Kind von Bethlehem. Er wird Mensch, um jedem von uns ein Ansehen zu geben. Im Kind von Bethlehem schaut er mich an, um mir und allen Menschen ohne Ausnahme die frohe Botschaft zu bringen: „Du bist geliebt und unwiderruflich angenommen, so wie du bist. Es ist gut, dass es dich gibt!
Doch in dem Gesicht des Kindes von Bethlehem steht auch die selbe bange Frage, wie in den Gesichtern der Menschen in der Kurswoche: „Werde auch ich angenommen, von den Menschen, die mir an Weihnachten begegnen? Kommt meine Botschaft bei ihnen an? Strahlt die Freudenbotschaft von Weihnachten auf in ihren Herzen und in ihren Augen, damit die anderen erkennen, dass ich sie durch diese liebenden Augen ansehe?" Seit Weihnachten hat jedes menschliche Gesicht göttliche Züge. Ich muss nur genau hinschauen, um sie zu erkennen. Dieses genaue Hinschauen können wir jetzt in der Weihnachtszeit einüben, damit unser Blick geschärft wird für die noch vor uns liegenden Tage im neuen Jahr, damit wir Gottes Spuren entdecken in unserem Leben und in unseren alltäglichen Begegnungen. Und für uns Christen geht es in diesen weihnachtlichen Tagen darum, dass unser Gesicht mehr und mehr göttliche Züge annimmt, dass Jesus neu in uns geboren und lebendig wird, damit Menschen ihm, dem lebendigen Gott durch uns auf die Spur kommen. So könnte unser Gebet in diesen weihnachtlichen Tagen und auch als Bitte für das Neue Jahr 2004 lauten:
Vater, gib meinem Glauben ein Gesicht; eines, das lachen kann und frei ist,
eines, das vertrauen kann und offen ist, eines das durchhalten kann und stark ist,
eines, das gewinnen kann und Dir ähnlich ist.
Gib meinem Glauben ein Gesicht, das Liebe widerspiegelt und ermutigt,
das Deine Züge trägt und Hoffnung sät, das ohne Misstrauen und Vorurteile ist,
das zeigt, wie froh die Frohe Botschaft macht. Gib meinem Glauben ein Gesicht,
mit einem Blick für Deine Wahrheit, mit einem Gehör für Deine Worte,
mit einem Gespür für Deine Wege, mit einem Sinn für Deine Schöpfung.
Damit, wer meinem Glauben ins Gesicht sieht,
auf Deine Spur kommt und zum Leben findet.
Amen.

2005-12

An der Schwelle zum Neuen Jahr

Der letzte Tag des Jahres ist für mich immer ein Tag mit gemischten Gefühlen. Heute werde ich die letzte Seite des Bandes 2005 meines Lebensbuches beschriften und danach einreihen in die reichhaltige Bibliothek, die mein bisheriges Leben schrieb. Das zu Ende gehende Jahr läuft noch einmal vor mir ab wie ein Film. Viele Begegnungen und Ereignisse des Jahres 2005 kommen mir wieder in den Sinn. Ich erinnere mich gerne an das Gute dieses Jahres und bin froh darüber, dass ich die schwierigen Herausforderungen des zurückliegenden Jahres irgendwie gemeistert habe. Von diesem Jahr weiß ich jetzt, wie es war. Es war eine geschenkte Zeit, die ich mit Leben erfüllen durfte. Und beim Nachsinnen über das vergangene Jahr steigt auch immer wieder Dankbarkeit in mir auf. Dankbarkeit gegenüber den Menschen, die mich in diesem Jahr begleitet haben und Dankbarkeit Gott gegenüber, der mir dieses Jahr geschenkt und der mir die Kraft zum Leben gegeben hat und jeden Tag des Jahres als treuer Begleiter an meiner Seite war.
Doch an diesem Silvestertag richtet sich mein Blick auch unwillkürlich in die Zukunft. Ich nehme das Neue Jahr ins Visier und spüre, dass Unsicherheit, Angst und Ungewissheit sich in meinen Gedanken breit machen. Das Neue Jahr liegt als neues unbeschriebenes Buch vor mir. In meinem alten Buch des Jahres 2005 kenne ich mich aus, da fühle ich mich zu Hause, es ist mir vertraut. Doch das Neue Buch des Jahres 2006 ist leer. Viele Fragen kommen mir in den Sinn: Wie werden die Kapitel meines Lebens im Neuen Jahr aussehen? Welche Personen und Ereignisse werden in diesem neuen Lebensbuch auftauchen?
Werde ich als Titelheld die Herausforderungen und Abenteuer, die das Neue Jahr für mich bereithält bestehen? Wird es Menschen geben, die mich begleiten und auffangen? Was wird mich erwarten?
Damit mich diese Fragen nicht zermürben, suche ich mir an Silvester immer einen Ort, der mir Mut macht, mich auf das Abenteuer des Neuen Jahres einzulassen. Und dieser Ort ist für mich die Krippe. Nach einem längeren Spaziergang gehe ich zur Krippe. Und das Kind in der Krippe gibt mir dann jedes Jahr die feste Zusage: Ich bin der Immanuel, der Gott mit uns. Und so wird mir auch bewusst: Der Immanuel ist der Gott mit mir. Er wird auch im Neuen Jahr bei mir sein. Diese Gewissheit hilft mir die Angst vor dem Ungewissen loszulassen und mich mit Gott auf das Abenteuer des Neuen Jahres einzulassen. An der Schwelle zum Neuen Jahr kann auch der Ratschlag von Leo Tolstoi sehr hilfreich sein. Vielleicht sollten wir ihn auf der ersten Seite im Buch des Neuen Jahres vermerken. Er sagt: „Die wichtigste Stunde in unserem Leben ist immer der gegenwärtige Augenblick; der bedeutendste Mensch in unserem Leben ist immer der, der uns gerade gegenübersteht; das notwendigste Werk in unserem Leben ist stets die Liebe.“
In diesem Sinne wünsche ich Ihnen allen ein glückliches, gesegnetes und gesundes Jahr 2006. Prosit Neujahr! (Es möge nützen (gelingen)!“

2009-12-24

Stille Nacht, heilige Nacht

Heute Abend und heute Nacht erschallt es wieder in allen Sprachen rund um den Erdkreis, das wohl beliebteste und doch noch gar nicht so alte Weihnachtslied: „Stille Nacht, heilige Nacht". Es wurde im Jahr1818 von dem damaligen Hilfspfarrer Josef Mohr in Oberndorf in Österreich getextet und vom Organisten derselben Gemeinde, Franz Xaver Gruber vertont. Und nach und nach hat es ausgehend von diesem kleinen Ort in Österreich die ganze Welt erobert. Es ist ein Lied, das zu Herzen geht. Es ist aber auch ein Lied, das die Weihnachtsbotschaft in kurzen Sätzen auf den Punkt bringt:

Es macht deutlich, dass die Heilige Nacht eine besondere Nacht ist. In dieser Nacht wird das göttliche Kind geboren. Und dieses Kind wird alle Nächte unserer Welt ein für alle mal erleuchten. Denn in der Geburt dieses Kindes schlägt uns die rettende Stunde. Gott wird Mensch, einer von uns. Und er nimmt uns Menschen so an, wie wir sind. Gott spricht in der Geburt dieses göttlichen Kindes, sein unwiderrufliches „Ja" zu jedem Menschen. In der armseligen Krippe im Stall solidarisiert sich Gott selbst mit den Ärmsten der Armen. Niemand ist von seiner Liebe ausgeschlossen. Und mehr noch: Wir können Gott seit seiner Menschwerdung auch in jedem menschlichen Gesicht begegnen. Seit Weihnachten hat jedes Menschengesicht göttliche Züge. So kann jede menschliche Begegnung für uns auch zu einer Gottesbegegnung werden. Es ist gut, wenn uns dies in dieser stillen, heiligen Nacht noch einmal bewusst wird. Dann wird Weihnachten ganz lebendig, dann ist Bethlehem überall, dann ist Weihnachten mehr als ein idyllisches Familienfest. Dann ist und bleibt Weihnachten eine Herausforderung für unser ganzes Leben. Dann scheint das

Licht der Liebe Gottes, das im Kind in der Krippe aufgestrahlt ist, hinein in die Nächte unserer Tage: In die Nacht der Trauer, der Arbeitslosigkeit, der Armut, der Not, der Verzweiflung, der Krankheit, des Hungers, der Gewalt, der Einsamkeit, der Angst und der Hilflosigkeit.

Seit dieser stillen, heiligen Weihnacht sind wir nicht mehr allein in unserer Nacht. Christus, das Licht der Welt, ist bei uns, begleitet uns als der Gott mit uns und bringt uns die Botschaft, dass unsere Nacht nicht endlos ist. Es gibt nach der Nacht auch den Tag, den neuen Anfang für jeden Menschen, weil Gott sein unwiderrufliches „Ja" nicht zurücknimmt.

In dieser stillen, heiligen Nacht tönt es von fern und nah: „Christ der Retter ist da!". Diese Botschaft lässt aufatmen, schafft Erleichterung, lässt hoffen, erzeugt tiefe innere Freude.

Diese Botschaft trägt nicht nur an Weihnachten, sondern durch ein ganzes Menschenleben. Und sie trägt noch mehr, wenn sie durch die Liebe und Freundlichkeit von Menschen in meiner Umgebung erlebbar und erfahrbar wird.

In diesem Sinne wünsche ich Ihnen allen von Herzen ein frohes und gesegnetes Weihnachtsfest 2009.

2001-01-13

Mach´s wie Gott, werde Mensch!

Die Weihnachtszeit ist vorbei und das neue Jahr 2001 ist schon fast zwei Wochen alt. Für die meisten von uns hat der Alltag wieder begonnen. Und alles scheint so weiterzugehen wie im alten Jahr. Da steigen in mir die Fragen auf: „Was bleibt von dem Weihnachtsfest, das wir gefeiert haben? Sind es wirklich nur die überfüllten Mülleimer mit Geschenkpapier und Verpackungen, die abgepflückten, kahlen Weihnachtsbäume, die demnächst am Straßenrand liegen, um abgeholt zu werden, noch ein paar Weihnachtsplätzchen, die übrig sind und ein paar Kisten mit Weihnachtsschmuck, die an ihren Aufbewahrungsort zurückgestellt werden bis zum nächsten Weihnachtsfest?“ Beim Versuch eine Antwort auf diese Fragen zu finden, ist mir klar geworden: Weihnachten ist mehr als zwei Feiertage im Jahr und auch mehr als zwei Wochen Weihnachtszeit. Weihnachten weist über sich hinaus. Gott ist Mensch geworden, einer von uns und damit hat er jedem Menschen einen unausrottbaren Wert und eine unzerstörbare Würde verliehen. Er nimmt jeden Menschen so an, wie er ist und nicht wie er sein sollte. Er wendet sich uns Menschen in Liebe zu, zunächst als hilfloses Kind in der Krippe und später als der, der die Menschen heilt, der barmherzig ist, der keine Gewalt anwendet, der verzeiht, der zärtlich und behutsam mit Menschen umgeht und ihnen die frohe Botschaft vom erfüllten Leben mit Gott predigt und vorlebt.

Doch Gott belässt es nicht dabei. Er will nicht nur an Weihnachten gefeiert werden. Er will an jedem Tag des neuen Jahres, an jedem Tag unseres Lebens in uns Mensch werden. Seine Menschwerdung fordert uns heraus, selbst mehr Mensch zu werden nach seinem Vorbild. Durch uns sollen in den kommenden Wochen und Monaten des Jahres 2001 die Menschen etwas davon spüren, dass wir Weihnachten gefeiert haben. Der Auftrag, der für uns nach Weihnachten bleibt, heißt: Mach´s wie Gott, werde Mensch!

Indem wir versuchen, unseren Mitmenschen mit Respekt und Ehrfurcht zu begegnen, indem unsere Begegnungen heilende Wirkung für andere und für uns selbst haben, indem wir einander verzeihen und gegen die wachsende Gewalt in unserem Land gewaltlos kämpfen, indem wir die Menschen am Rande der Gesellschaft nicht übersehen, sondern sie mehr in den Mittelpunkt des Geschehens rücken und indem wir für Frieden, Gerechtigkeit und die Achtung der Menschenwürde auf der ganzen Erde eintreten, werden wir fortschreiten in unserem ganz persönlichen Prozess der Menschwerdung. Und Gott wird uns auf Schritt und Tritt als Mensch in unserem Alltag begegnen. Dann werden wir und unsere Mitmenschen auch nach Weihnachten noch etwas davon spüren, dass wir Weihnachten gefeiert haben.

2002-02-02

Wir brauchen Licht

In diesen winterlichen Tagen leiden viele Menschen an der sogenannten „Winterdepression", die nach wissenschaftlichen Erkenntnissen oft durch mangelndes Licht ausgelöst wird. Diesen Menschen wird dann eine Lichttherapie verordnet.
Manchmal habe ich das Gefühl, dass sich auch in unseren christlichen Gemeinden so etwas wie eine „Winterdepression" breit macht. Da sind so viele Klagen darüber, dass alles nicht mehr so ist wie früher, dass die Kirchen immer leerer werden, dass der Kirche, der Wind ins Gesicht bläst usw. Und viele Seelsorger/innen und ehrenamtliche Mitarbeiter/innen wirken resigniert in ihrem Einsatz für die Gemeinde. Vielleicht wird auch diese innerkirchliche „Winterdepression" ausgelöst durch mangelndes Licht. Genauso, wie wir Licht zum Leben brauchen, brauchen wir auch Licht für unseren Glauben.
Da kann das heutige Fest der „Darstellung des Herrn im Tempel" oder wie der Volksmund sagt: „Maria Lichtmess" für uns Christen eine heilende Lichttherapie sein. Der greise Simeon bestätigt und bezeugt im heutigen Festtagsevangelium Jesus als das Licht, das die Heiden erleuchtet und Herrlichkeit für das Volk Israel. (Lk 2,32)
Wir dürfen uns an die Seite des greisen Simeons stellen und Christus, dem Licht begegnen. Er ist das Licht, das alle Dunkelheit besiegt. Das drücken wir in den Zeichen der Kerzenweihe und der Lichterprozession in unseren Gottesdiensten aus. Um aus der „Winterdepression" heraus zu kommen, ist es wichtig, uns wieder neu von Christus, dem Licht der Welt bescheinen und anstrahlen zu lassen. So lange, bis der Funke überspringt, bis wir spüren, dass es uns warm ums Herz wird und die innere Dunkelheit dem Licht weicht. Wenn wir uns selbst von Christus, dem Licht der Welt erleuchten lassen, werden wir erst in der Lage sein, Licht für andere zu sein und Licht zu verbreiten. Dann können wir selbst Lichter sein und anzünden in unseren Gemeinden durch unsere Freude am Glauben, durch unsere Begeisterung, durch unseren freundlichen Umgang mit den Menschen, durch die Wärme und Geborgenheit, die wir verschenken, durch die Wegbegleitung und Orientierung, die wir unseren Mitmenschen anbieten und schließlich durch unsere gelebte Hoffnung wider alle Hoffnung.
Als Dauertherapie gegen die „Winterdepression" in unseren christlichen Gemeinden und unserem persönlichen Glauben, möchte ich ein chinesisches Sprichwort empfehlen: „Es ist besser ein Licht anzuzünden als über die Dunkelheit zu klagen!"

2005-01-08

Liebe ist nicht nur ein Wort

Neue Amtsinhaber halten für gewöhnlich eine Antrittsansprache. In diesen Antrittsansprachen versuchen sie den Menschen zu sagen, welche Absichten sie mit ihrem Amt verfolgen, was sie gerne verwirklichen möchten, in welche Wunden sie ihre Finger legen wollen.
Morgen, am Fest der Taufe des Herrn, hält Jesus auch seine Antrittsansprache oder besser gesagt: Er lässt Gott für ihn seine Antrittsansprache halten. Gott erklärt in der Taufe Jesu seine Absichten, die er mit uns Menschen hat. Seine Antrittsansprache ist eine einzige Liebeserklärung an jeden einzelnen von uns. Doch Liebe lebt nicht allein von Worten und Gefühlen, sie braucht auch Zeichen und Gesten, in denen sie sich ausdrücken kann. Gott macht Jesus heute am Fest seiner Taufe zum sichtbaren Zeichen seiner Liebe zu uns Menschen:
Indem Jesus sich am Jordan in eine Reihe mit dem Volk stellt, das die Bußtaufe des Johannes empfangen will, zeigt er ganz deutlich: Gott steht auf der Seite der Sünder. Jesus ist gekommen um zu retten, was verloren ist und zu heilen, was verwundet ist. In der Taufe Jesu steigt Gott selbst ganz tief hinab zu uns Menschen. Er will nicht nur Kontakt mit unserer weißen Weste, die wir so gerne nach außen hin zeigen. Nein, er steigt hinab in unsere Schuld, in unsere Abgründe, die uns manchmal vor uns selbst erschrecken lassen, er steigt hinab in unsere Verwundungen und Verletzungen, die wir manchmal von Kindesbeinen an mit uns herumtragen. Er will alles, was in uns zerbrochen ist heil machen, indem er es mit seiner Liebe berührt. Gott hält uns keine Moralpredigten, sondern stellt sich zu uns. Und jeder von uns weiß, wie gut das tut, wenn jemand zu mir steht, wenn jemand den Arm um mich legt, gerade dann, wenn ich versagt habe, wenn sich jemand für mich entscheidet, auch dann, wenn ich es gar nicht verdient habe. So ist Gott zu uns.
In der Taufe Jesu nimmt Gott uns alle als seine geliebten Söhne und Töchter an. Bei unserer Taufe hat er uns beim Namen gerufen. In seinen Augen sind wir kein unbeschriebenes Blatt. Er will das Beste für uns, auch wenn wir das nicht immer sofort verstehen, denn oft sind seine Wege nicht unsere Wege. In ihm haben wir einen Vater gefunden, dem wir alles anvertrauen dürfen, was uns beschäftigt: unsere Angst, unsere Gedanken, unsere Familie, unsere Probleme, unsere Niederlagen und Erfolge. Er nimmt Anteil an unserem Leben, genauso wie Eltern Anteil nehmen am Leben ihrer Kinder. Er nimmt Anteil am unsagbaren Leid der Menschen in Südostasien. Niemand ist ihm gleichgültig. In seinen Augen sind wir eine einmalige Persönlichkeit, die sich entwickeln und entfalten darf mit den Fähigkeiten und Möglichkeiten, die er uns schenkt. Diese Liebe Gottes stärkt uns den Rücken fürs Leben.
Gott hat Jesus bei der Taufe im Jordan mit seinem Hl. Geist ausgerüstet, damit er zum sichtbaren und lebendigen Zeichen seiner Gegenwart und Liebe in dieser Welt wird.

Auch uns hat Gott bei unserer Taufe und bei unserer Firmung mit dem Heiligen Geist ausgerüstet, damit wir heute in der Nachfolge Jesu seine Liebe weiterschenken, an die Menschen, die uns begegnen. Durch unsere Solidarität mit den Menschen im Katastrophengebiet und mit allen Menschen in Not machen wir sichtbar: Gottes Liebe ist gegenwärtig in unserer oft so harten und kalten Welt.
Die Antrittsansprache Gottes bei der Taufe Jesu im Jordan ist so zugleich Zuspruch und Anspruch für uns als Christen. Die Liebe Gottes sucht Antwort in unserem Leben.
Denn Liebe ist nicht nur ein Wort. Liebe, das sind Worte und Taten. Als Zeichen der Liebe ist Jesus geboren, als Zeichen der Liebe für diese Welt.

Epilog

Am Ende dieses Buches danke ich allen Autoren und Autorinnen und allen Freund/en/innen und Bekannten, die durch Geschichten, Einladungen, Begegnungen, Briefen und Gesprächen dazu beigetragen haben, dass diese Texte entstehen konnten. Darüber hinaus danke ich der Redaktion der Rheinzeitung, die sie bereits im Voraus veröffentlicht haben.

Den Leserinnen und Lesern wünsche ich, dass die Texte etwas mehr Farbe in ihren Lebensalltag gebracht haben und sie auch im Herzen berührt haben. Schön wäre es, wenn dieses Buch dazu beigetragen hätte, dass sie wieder mehr Freude am Leben und am Glauben gefunden hätten.

Glaube ist etwas Lebendiges. Er will jeden Tag neu gelebt werden. In mir und in meinem ganz konkreten Leben will er Gestalt annehmen. Ich darf ihm ein Gesicht geben und durch mich will das Wort Gottes hinaustönen zu den Menschen und in die Welt. Ich wünsche und hoffe, dass es in vielen Menschen unserer Tage ein Echo findet und Menschen in Bewegung setzt. Ein Kehrvers eines neuen geistlichen Liedes lautet: „Voll Vertrauen gehe ich den Weg mit dir mein Gott, getragen von dem Traum der Leben heißt!“

Möge es mir und uns allen gemeinsam gelingen!

MIX
Papier aus verantwortungsvollen Quellen
Paper from responsible sources
FSC® C105338

Printed by Books on Demand GmbH, Norderstedt / Germany